Johanna Falk

DER ANDERE WEG

Hoffnungsbilder aus Israel

Junge Künstler auf der Suche nach

Vielfalt, Versöhnung, Frieden

Linolschnitte jüdischer und arabischer Jugendlicher

Johanna Falk

DER ANDERE WEG

Hoffnungsbilder aus Israel

Junge Künstler auf der Suche nach

Vielfalt, Versöhnung, Frieden

Linolschnitte jüdischer und arabischer Jugendlicher

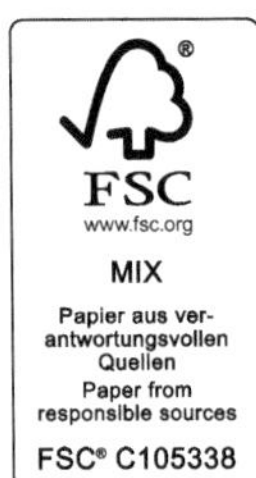

Bibliografische Information der Deutschen Nationalbibliothek:

Die Deutsche Nationalbibliothek verzeichnet diese Publikation in der Deutschen Nationalbibliografie; detaillierte bibliografische Daten sind im Internet über http://dnb.dnb.de abrufbar

Satz und Layout: Helmut Falk

Herstellung und Verlag: BoD-Books on Demand, Norderstedt

ISBN: 978374079028

Inhalt

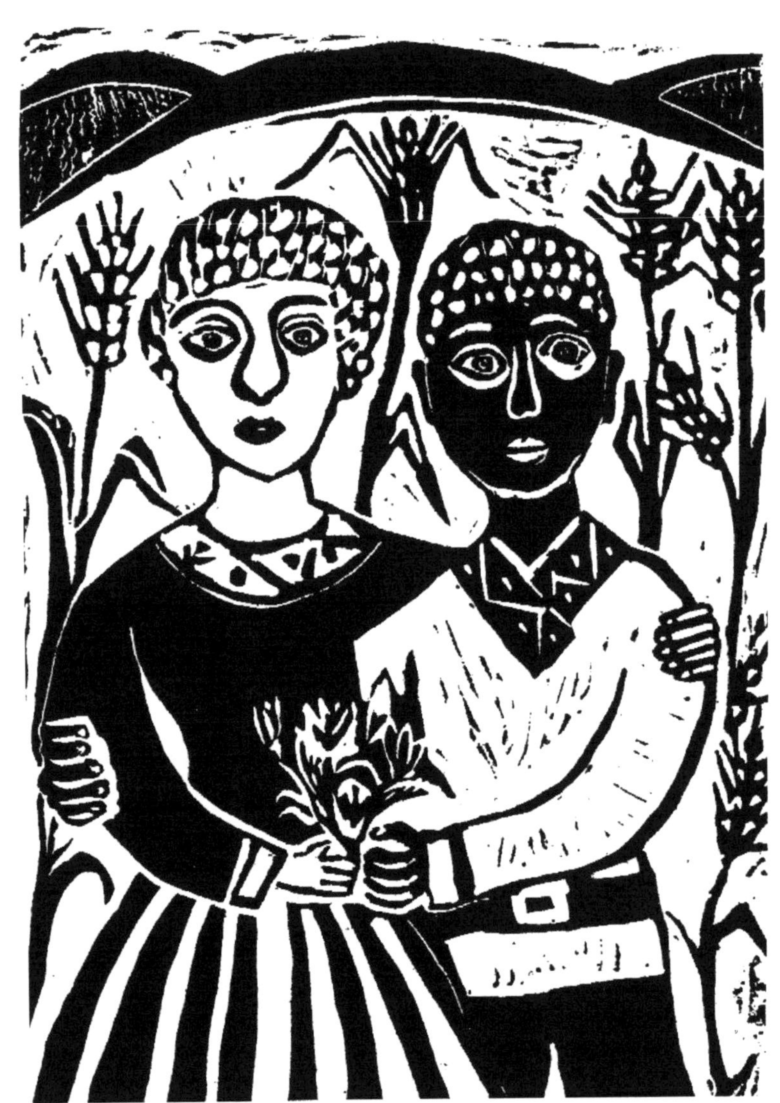

Der andere Weg

Hoffnungsbilder aus Israel

Vorwort von Johanna Falk

Die Linoldrucke der Bildersammlung „Der andere Weg" mit 60 Kunstblättern aus Israel wurden von Kindern und Jugendlichen, Juden, Arabern und Zuwanderern aus aller Welt als bleibendes Vermächtnis geschaffen. 30 davon sind in diesem Buch zu sehen. Sie entstanden in der 1954 gegründeten ersten Gesamtschule Israels in Beersheba in den Jahren zwischen 1960 und 1970 unter Anleitung der jüdischen Schulleiterin und Pädagogin Dr. Puah Menczel. Die Schwarzweiß-Drucke erzählen von der tiefen Sehnsucht nach Frieden, Toleranz und gegenseitiger Wertschätzung der verschiedenen Kulturen und Religionen in Israel. Wünsche, die bis heute unerfüllt geblieben sind.

1972 brachte Dr. Puah Menczel die Bilder in verschiedene Städte Deutschlands, so auch nach Calw an die dortige staatliche Akademie für Lehrerfortbildung. Gotthilf Ehninger, Gymnasialprofessor am Hermann-Hesse-Gymnasium, wurde gebeten, seine Meinung zu den Grafiken zu äußern. 1974 entstand in Israel die erste Kunstmappe, zu der Prof. Ehninger Geleitworte schrieb. Mit vielen weiteren prominenten Grußworten versehen, wie z.B. dem der damaligen Ministerpräsidentin Golda Meir, des Bürgermeisters von Jerusalem und des Botschafters von Israel, sowie der Förderin der Ausstellung, der deutschen Staatssekretärin Dr. Hildegard Hamm-Brücher, fanden die Grafiken und das Friedensengagement von Dr. Menczel hohe Anerkennung in ganz Europa.

Schließlich gelangte der Bilderschatz aus Kinderhand 2003 in die Obhut des Ökumenischen Nagelkreuzzentrums Würzburg (1). Kennengelernt haben sich das Ehepaar Beck-Ehninger und ich im Jahr 2001 über einen Anruf im Rathaus Würzburg, der an mich weitergeleitet wurde. Es folgten viele Gespräche zwischen Pforzheim und Würzburg und daraus eine schöne Freundschaft. Gerne erinnere ich mich an einen Besuch, als Gotthilf Ehninger mit einer großen Mappe ins Zimmer kam, sie auf den Tisch legte und aufklappte. Erstmalig sah ich die Linoldrucke, die Prof. Ehninger von Dr. Puah Menczel, der Leiterin der ersten Gesamtschule Israels, als Vermächtnis erhalten hatte. Die Bilder brauchten eine Heimat. Nachdem die Jüdische Gemeinde Pforzheim abgelehnt hatte, fragte er mich, ob Würzburg der geeignete Ort sein könnte.

In einer Ausstellungseröffnung am 16. März 2003 wurden die Bilder im Kapitelsaal und Begegnungsraum der Ev.-Luth. Dekanatskirche St. Stephan in Würzburg der Öffentlichkeit vorgestellt. Dekan Dr. Günter Breitenbach hatte 50 Rahmen gespendet und sowohl Dr. Josef Schuster, heute Präsident des Zentralrats der Juden in Deutschland, wie auch Dr. Paul Oestreicher als Versöhnungsexperte der Kathedrale von Coventry (2) waren gekommen. Es wurde vereinbart, dass das Dekanat Würzburg in St. Stephan die Linoldrucke beherbergt und ich für das Nagelkreuzzentrum den Bilderschatz betreue.

Die Begleitung der Bilder der Ausstellung „Der andere Weg" wurde mir zur Herzenssache und ich versuche bis heute so oft wie möglich die Kunstwerke zu zeigen, nicht zuletzt weil sie wertvolle Anregungen zur Arbeit für Versöhnung und Frieden geben, der ich mit Gründung des Versöhnungszentrums Würzburg meine ganze Kraft widmete. Die Bilder berühren viele aktuelle Themen, die mir wichtig sind: das Zusammenleben der Religionen und Völker, das wertvolle Gut Wasser und das Alltagsleben der Menschen, das überall auf der Erde immer wieder neu friedlich gestaltet werden muss. Die Linolschnitte sprechen eine „Sprache", die jede/r versteht. Sie kommt aus dem Herzen. Genau diese „Sprache" ist auch heute in der Vielfalt unseres Zusammenlebens dringend notwendig.

Jehudi Menuhin meinte:

„Allein die Liebe, nicht der Hass, kann die Welt heilen"

Nur mit Menschen, die bereit sind alte Denk- und Handlungsmuster von Hass, Gewalt und Töten zu durchbrechen, ist „Der andere Weg" möglich, ein Weg in eine friedlichere Zukunft. Die Ursprünglichkeit und Schönheit der „Hoffnungsgrafiken" aus Israel fordern auf, unser Zusammenleben und Eingebundensein in die Schöpfung neu zu überdenken, wo auch immer wir auf dieser Erde leben.

Während ich diese Gedanken im Juni 2017 niederschreibe, blickt die Welt auf Israel. Im Sechstagekrieg 1967 hat es seine Grenzen und die Besatzung der Palästinensergebiete festgeschrieben. 50 Jahre sind vergangen, ohne dass sich die Visionen der jungen Künstler verwirklicht haben, Zeiten, die ein friedliches Zusammenleben und die Hoffnung auf einen eigenen Palästinenserstaat enttäuscht haben. Stattdessen geht der Bau der Mauer und die aggressive Siedlungspolitik des Staates Israel weiter.

Das jüdische Mädchen Ajelet Ron aus der 4. Klasse der Agronschule schrieb nach dem Sechstagekrieg 1967 an die Wandtafel folgende Gedanken:

„Wir wollen, ach wir wollen ja so sehr

Im Frieden leben mit unseren arabischen Nachbarn;

Hand in Hand zum Frieden.

Ist's Wahrheit oder ist's nur Traum?

Denn wenn Friede ist zwischen den Arabern und uns,

Dann werden wir auf immer und ewig an Purim denken.

Warum Frieden?

Frieden, denn ich spreche zu deinem Herzen rückhaltlos.

Frieden, denn ich bin ein Menschenkind, und's Kainszeichen steht mir nicht geschrieben.

Reich deine Hand, o Freund.

Ach von Staub sind wir alle"

Wie Ajelets Gedicht zeugen die Bilder als bleibende Kunstwerke mit ihrer ganz eigenen Sprache vom Wunsch der jungen Generation nach Frieden. Wie aktuell die Grafiken aus Israel heute noch sind und welch hohes künstlerisches Niveau sie haben zeigt, dass im Jahr 2017 im Museum im Kulturspeicher Würzburg 15 Werke zu sehen waren. Mit dem Titel „Scharf geschnitten" waren Linolschnitte von Künstlern des Expressionismus bis heute aus der künstlerischen Sammlung der Städtischen Galerie Bietigheim-Bissingen ausgestellt. Das Thema war außergewöhnlich, denn Linolschnitte sind erst nach der Erfindung des Bodenbelags Linoleum Anfang des 20. Jahrhunderts gearbeitet worden. Viele Künstler von Gabriele Münter bis Georg Baselitz haben bedeutende Kunstwerke aus diesem Werkstoff geschaffen, obwohl in der öffentlichen Meinung Linoldrucke eher als Kinderkram galten. Zeitgleich mit den jungen Künstlern in Israel wurde z.B. Pablo Picasso (1881-1973) Ende der 1950er Jahre als Leitbild der Linolschnittkunst gefeiert, die verkannte Kunstrichtung holte er aus ihrem Dornröschenschlaf.

Ich danke ausdrücklich Frau Dr. Henrike Holsing, dass sie 15 Grafiken unserer Ausstellung „Der andere Weg" ausgestellt hat. Die imponierenden Leistungen junger Menschen können auch heute noch für Kunstfreunde, für Pädagogen, Ethnologen und Psychologen wertvolle Anregungen geben.

Die Kunsterzieherin an der Gesamtschule in Beersheba, Frau Suzanne Aufrecht-Landau, die ihren jugendlichen Schülern diese denkwürdigen Linolschnitte entlockte, hat ihre Aufgabe mit folgenden Worten beschrieben: „Wir sind glücklich, Schüler von verschiedenster Herkunft und aus zahlreichen Ländern beieinander zu haben. Dies fordert den Kunsterzieher dazu heraus, ihnen bereichernde Erfahrungen zu vermitteln und sie zu lehren, die von ihnen geschauten Bilder der sie umgebenden Welt zu erkennen und zu gestalten". Prof. Ehninger meinte, dass die künstlerische Tätigkeit der Jugendlichen einen zweifachen Brückenschlag ermöglichte. Er gelang über den Abstand zwischen jüdischer und arabischer Jugend in Israel und – über den Abgrund, den die Nazis zwischen Juden und Deutschen aufgerissen haben.

Wir können uns freuen, dass die Linoldrucke aus dem vorigen Jahrhundert erhalten sind. Ihr Beitrag ist für die Gesellschaft und die Kunst so aktuell wie damals.

Ganz persönlich sind für mich die Bilder untrennbar mit Gotthilf Ehninger verbunden, der sie nicht nur lange Zeit verwahrt, sondern auch mit Texten versehen hat. Ihm sei dieses Buch mit Freude und Dankbarkeit gewidmet.

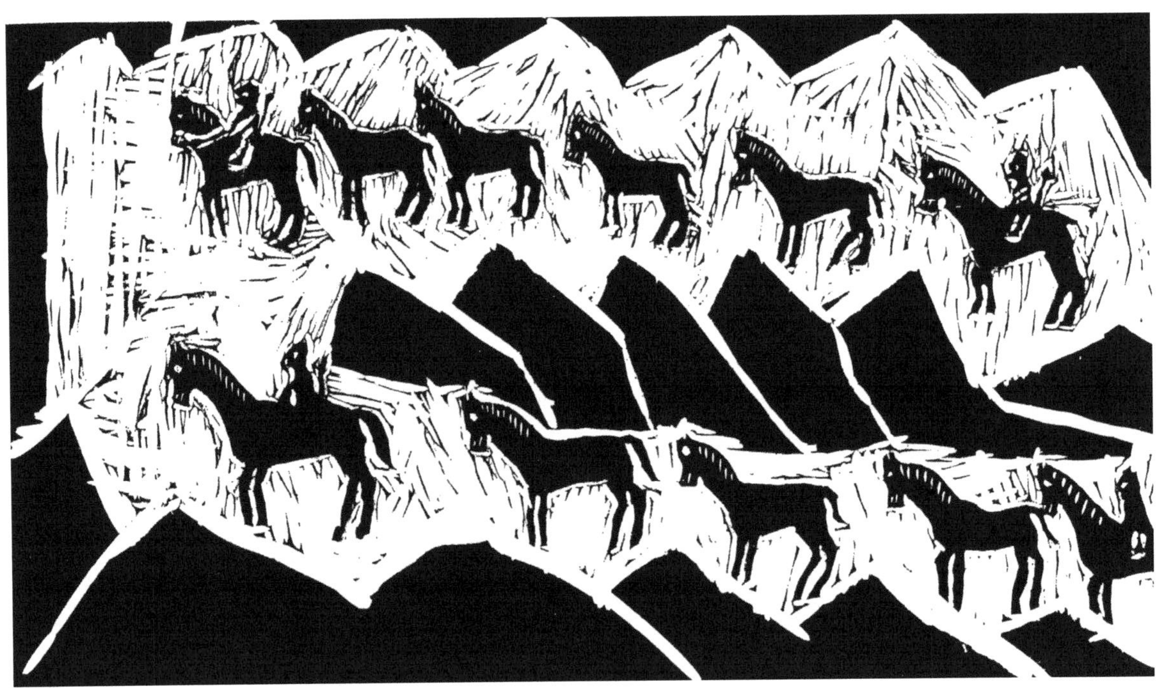

Der andere Weg

Vernissage am 16. März 2003 in der Kirche St. Stephan, Würzburg

Gotthilf Ehninger

Mit einem Beitrag zur Woche der Brüderlichkeit lädt das Nagelkreuzzentrum Würzburg zur Eröffnung einer Ausstellung mit Grafiken jüdischer und arabischer Kinder und Jugendlicher ein. Dies geschieht am 58. Jahrestag nach der Zerstörung dieser Stadt mit ihren zahlreichen Kirchen und der Residenz. - Während wir die Woche der Brüderlichkeit begehen und uns besinnen, droht andernorts erneut der zur Zerstörung erhobene „Hammer" Menschenleben auszulöschen und ihre in Jahrtausenden geschaffenen Kulturdenkmäler zu zerschlagen.

Gesteinigt und gebrannt wurde auch diese Kirche, in deren mühsam wiederhergestellten Mitte wir uns begegnen. Sie trägt den Namen des ersten Märtyrers der Christenheit: Stephanus. In ihrem Untergang teilte sie sein Schicksal. Im Hagel der Steinigung befahl Stephanus seinen Geist in Gottes Hand. Durch sein letztes Gebet wehte Gottes Atem: *„Herr, rechne ihnen diese Sünde nicht an"*.

Die gleiche Bitte *„Vater vergib"*, in goldenen Lettern in die rußgeschwärzte Apsis der Ruine der Kathedrale von Coventry versenkt, wurde einst am Kreuz gesprochen. In Coventry steht, aus zwei verkohlten Balken gefügt, das „Brandkreuz". Es erhebt sich hinter den aus Trümmerschutt geborgenen Steinblöcken, die den Altar bilden. Dies ist die Heimat des Nagelkreuzes. Die Nagelköpfe, auf die die Hammerschläge niedergingen und die in Jahrtausenden ihr Echo fanden, sind zu Knospen geworden, aus denen ein neuer Gedanke erwuchs: Hoffnung, neues Leben, Versöhnung. Es schließt sich ein Kreis, der Zeit und Raum umspannt.

Die Blätter, die diese Ausstellung zeigt, kommen aus der Wüste. Jüdische Geschichte ist schicksalhaft mit der Wüste verbunden. Gottesmänner suchten deren Stille und Abgeschiedenheit. Manche Botschaft kam von dort. Das Bild der Wüste ist aber auch verbunden mit der Mühsal und den Plagen der Wanderung, mit Hunger und Durst der Wegstrecke, Sehnsucht nach Geborgenheit und Zuflucht und mit den Gefahren der Flucht - und, als die Wüsten sich ausbreiteten in den Herzen der Menschen, mit den Schrecken der Feueröfen.

Die Blätter dieser Ausstellung sind Dokumente aus Kinderhand. Auch sie kommen aus der Wüste, aus einem Ort, der als „Siebenbrunnen Abrahams" schon im Alten Testament Erwähnung fand: Beersheba. Seit Jahrtausenden ziehen Karawanen dorthin. - Wasser in der Wüste ist für den Dürstenden und für die ausgebrannte Erde wie Liebe für ein verdorrtes Herz.

In den Anfängen des Staates Israel gründete Dr. Puah Menczel die erste Gesamtschule an diesem Ort. Zeit der Frühe und des Beginns. Die Schule sollte zu einem Beispiel und Vorbild werden.

Dieser Wüstenort ist sinnträchtig und verpflichtend. Puah hat diesen Anruf verstanden. Sie folgte dem Appell Ben Gurions: „Macht die Wüste grün!" Sie war eine Pionierin mit Visionen, Tatkraft und Fantasie: das Unbegehbare begehbar machen, Wege bauen im Weglosen, Brücken spannen über Abgründe, Getrenntes verbinden. - In den Herzen der Kinder, die sie um sich scharte, ist die Wüste erblüht! Die mutigen Initialen, die sie bei der Gründung der ersten Gesamtschule Israels setzte, zeugen von politischer Fantasie. Sie bleiben beispielhaft. Sie warb in den Dörfern der Araber und Drusen, in den Zelten der Nomaden und Beduinen: „Schickt eure Kinder zu mir." Sie kamen, fanden was sie brauchten und wuchsen zusammen, zusammen auch mit den Einwanderern aus vielen Weltgegenden.

Sprachschwierigkeiten? Erste Barrieren des durch Vielsprachigkeit erschwerten gegenseitigen Verstehens wurden überwunden. - Es war die Musik, die ohne die Mühen der Übersetzung die Herzen der Kinder erfasste, Tanz, Bewegung und der allen innewohnende Ausdruck bildender Hände, wie die Grafiken der Kinder zeigen. Es ist ein Ausdruck, der der Fantasie blühender, ursprünglicher und unverfälschter bildhafter Kraft entstammt. In seinem Wesen ist er verwandt mit der archaischen Sprache frühester Kulturen. Kraft und Frische des Morgentaus ist ihnen eigen. Die Botschaft ist wegweisend, gerade für das Geschehen in unseren Tagen. Nicht im Gegeneinander, im Miteinander, in dem Zusammenspiel der Kulturen ereignet sich menschlicher Fortschritt.

Der so eingeschlagene Weg erfährt seinen Sinn indem er begangen wird. Er ist begangen worden von den Kindern in der Wüste. Ist es ihre Unschuld, ihr Paradies, aus der andere in der Versündigung des Hasses vertrieben wurden? Bedarf es erneut der Blutopfer, bis aus der Bitterkeit, der erbarmungslosen Logik kriegerischer Verhängnisse die Erkenntnis wächst, dass es keinen anderen Weg gibt? Aus dem Heiligen Land kam die Botschaft der Liebe - auch der Liebe zum Feind, der der Bruder ist.

Der andere Weg ist keine Utopie. „Wenn ihr nur wollt, dann ist es kein Traum", rief Hildegard Hamm-Brücher den Kindern in Beersheba bei ihrem ersten Staatsbesuch in Israel zu. - Die Ausstellung ist das Vermächtnis einer großen jüdischen Pädagogin. Lange gehütet, ist in der „Woche der Brüderlichkeit" die Zeit gekommen, es erneut weiter zu reichen.

Wenn „Der andere Weg" ein Traum geblieben ist, so ist er durchtränkt von dem ursprünglichen Atem einer besseren Wirklichkeit, die gegenüber dem Alptraum des gegenwärtigen Geschehens Bestand hat, und eine Sehnsucht bleibt, wie das Himmlische Jerusalem eine Zielvorgabe ist gegenüber der Realität der heutigen geteilten Stadt mit den Heiligtümern verschiedenster Religionen in ihren Mauern.

Einer ihrer Bürgermeister, Teddy Kollek, schrieb zum Erscheinen zweier Kunstmappen mit den hier gezeigten Grafiken jüdischer und arabischer Jugendlicher: „Ein starker und gefühlsmäßiger Ausdruck durchwebt die Blätter. Es ist der Ausdruck von *Hoffnung*, einander tolerant und geduldig zu begegnen und das menschliche Wesen mit seinen aufbauenden und schöpferischen Kräften zu achten. Die Sammlung zeigt, dass trotz unterschiedlichem kulturellem und religiösem Erbe in der Vielgestalt der Erscheinungen des Lebens und dem Reichtum ihrer Entfaltung, die Liebe zur Kunst ein uns allen gemeinsam tragender Grund ist. In einer Welt voller Konflikte und Aggressionen ist die Verfeinerung der Triebe, die Vermittlung von Werten und die Betonung des Eigentümlichen die Aufgabe des Erziehers. Wir dürfen stolz sein auf den uns allen gemeinsamen Hintergrund; er ist eine Lebensnotwendigkeit. Dr. Puah Menczel bemühte sich viele Jahren um die Entwicklung und Entfaltung der Kinder innerhalb der ihnen nahen und eigentümlichen Umgebung, durch die Anwendung der ihnen allen gemeinsamen Sprache der Kunst. Dies ist nicht nur ein erregendes ästhetisches Erlebnis, sondern auch ein menschliches und herzerwärmendes." Jerusalem 1985.

Das Zustandekommen dieser Ausstellung ist zuerst Frau Dr. Puah Menczel zu verdanken. Sie soll für Puah auch ein *Denkmal* und *Dankmal* sein. Von ihr wurde sie herangetragen aus der Wüste. Es war eine weite Reise. Ihre Kräfte begannen bereits schwach zu werden. Die Last zu tragen hat sie sich nicht gescheut. In vielen Städten wurde sie herumgereicht. Ihre Reise ging durch ein Land, das ihrem Volk in den unauslotbaren Bitternissen des Holocaust unendliches Leid zugefügt hat. Das war der kühnste und am weitesten gespannte Brückenschlag ihres mit visionärer Tatkraft begabten Herzens. Sie hat den Juwel und die Kostbarkeiten aus Kinderhand herumgereicht wie einen Gral. - Ein biblisches Bild fällt mir ein. Samson, in frühen Bildern gerne als ein Vorläufer Christus dargestellt, war es, der mit physischer Kraft begabt, dem ihn im Weinberg anfallenden jungen Löwen in den Rachen griff und ihn tötete. - Begegnung auf dem Lebensweg. - Er war ausgezogen, um im Land seiner Feinde sich die Braut zu holen. Auf dem Heimweg suchte er die Stätte seines Ringens auf. Im Aas des Löwen nistete ein Bienenvolk! Waben voll Honigseim, der ihn und die seinen nährte. Welch eine Verwandlung!

Hass, der verschlingt, ist tödlich. Überwunden verwandelt er sich in Nektar und wird zur Speise des Himmels.

Dank möchte ich ganz herzlich Frau Johanna Falk sagen, die einen Teil der Pforzheimer Ausstellung hierher nach Würzburg rief.

Werfen wir einen Blick in die Werkstatt der jungen Menschen.

Es überrascht die Echtheit der kindlich-naiv bildnerischen Sprache und ihre unmittelbare und unverfälschte Originalität. Ein Hauch des Ursprünglichen weht uns an. Atem von Morgenluft und Frühe, Kraft des Anfangs. Intuitiv erschließen sich - wie in der Entfaltung und der Gestaltwerdung der Pflanze - die im Kinde schlummernden Formkräfte. Sie bemächtigen sich des Wortschatzes kindlicher Vorstellungen. Ohne Mühe gelingt eine Verwandlung der Welt der Erscheinungen in eine Welt rhythmisch anmutender Musikalität. Was hier an Geistigem aus dem noch

Unbewussten kindlicher Vorstellungen gehoben wird, lässt staunen und verwundern. Es ereignet sich frei von formalistischer Einengung als ein unmittelbarer Ausdruck einer zu sich selbst hindrängenden jungen Persönlichkeit. Mühelos sind hier Ordnungen erreicht, die in ihrer bildnerischen Wertform unmittelbar an die kraftvollen Äußerungen früher Kulturen anschließen und ihnen entsprechen.

Reines Schwarz-Weiß sind die Mittel, derer sich Holz- und Linolschnitt bedienen in der Spannung äußerster Polarität. Weiß, als eine Summe des Lichtes, als dessen Abwesenheit das Schwarz. Schwarz und Weiß in seinen Entsprechungen wie Leben und Tod, Tag und Nacht, Bewegung und Ruhe, Steigen und Fallen. Spannungen der Gegensätze werden in den Harmonien und in der Totalität des Ganzen unteilbar aufgehoben. Zwischen den Polen die Ströme des Lebendigen.

Teil I

30 Linolschnitte

„Auf dem Weg nach Jerusalem"

On the way to Jerusalem

Versengte Wüsten durchmessen,

entronnen den Glutöfen des Hasses.

Das Bild der hoch gebauten Stadt im Herzen.

Auf der Zunge

den Geschmack der Olive.

Unsichtbar, aber umkränzt von ihrem Zweig,

die Stirne der Dürstenden.

Bündel von Sonnenstrahlen als Wegweiser.

Sie nisten sich ein im Geäst der Olive,

mitten im Kernhaus ihrer Früchte

und sättigen ihr Fleisch mit Öl,

aus schrundigem Gestein gekeltert

bevor es gepresst wird.

Text: Gotthilf Ehninger

Bild: Mustafa Mahmud Eshou, 15, „Beit Doud" ICCY

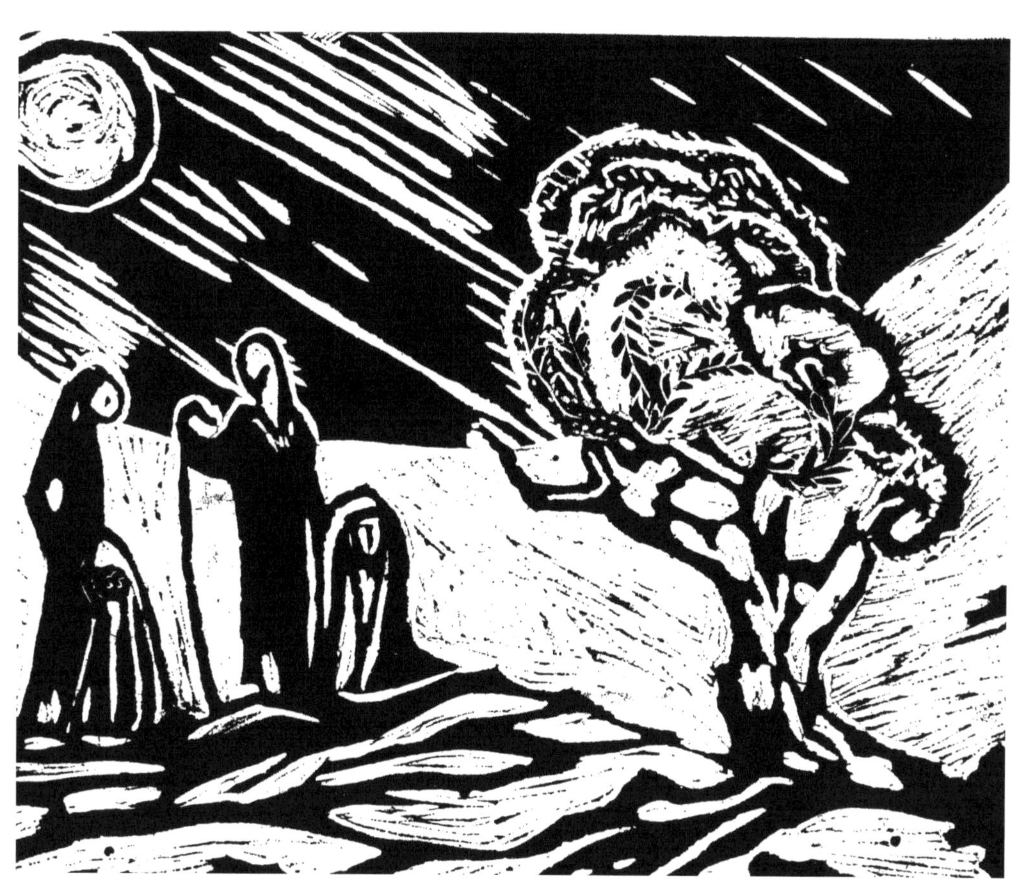

„Jerusalem, Berge umgeben dich"

Jerusalem by hills surrounded

„Hebe deine Augen auf und sieh

von der Stätte aus, wo du wohnst

nach Norden, nach Süden, nach Osten

und nach Westen. Denn alles Land,

das du siehst, will ich dir und deinen

Nachkommen geben für alle Zeit."

Text: 1. Mose, 13

Bild: Halla Alnubani, 14, „Beit Daoud" YCCY

Internationales Jugendkulturzentrum Jerusalem

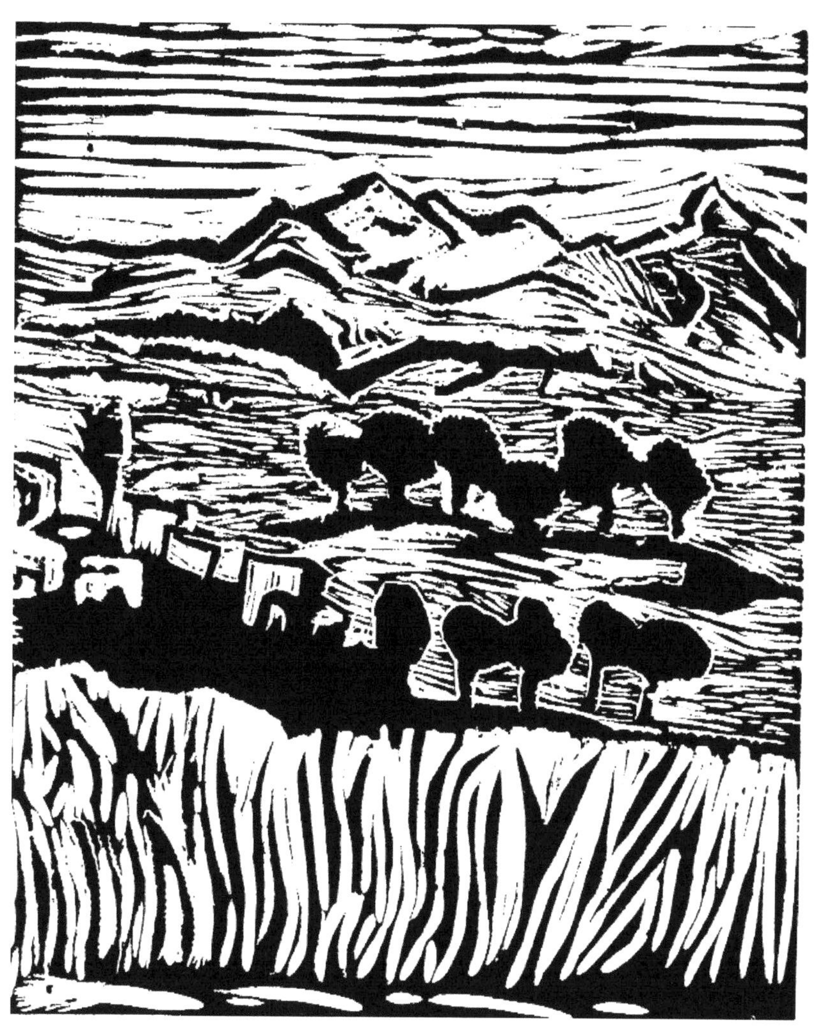

„Jerusalem, Stadt meiner Träume"
Jerusalem of my dreams

Hochgebaute Stadt,
Kapitale aller Kapitalen.
Wie sind die Flanken des Berges,
den deine Zinnen krönen
von Wunden bedeckt
und von Schrunden aufgerissen.
Zu welchen Schädelstätten noch,
Via Mala, wird hinführen dein Weg?
Und aus den Ritzen der Mauer,
die deinen Menschen Schutz,
Hoffnung und Zuflucht bietet,
quillt Klage.
Wann wirst du werden
zur Himmlischen,
du Hochgebaute?
Die Hände der Menschen,
die an dir bauen
brennen.

Text: Gotthilf Ehninger
Bild: Irit Zeiger, 12, „Szold" – School

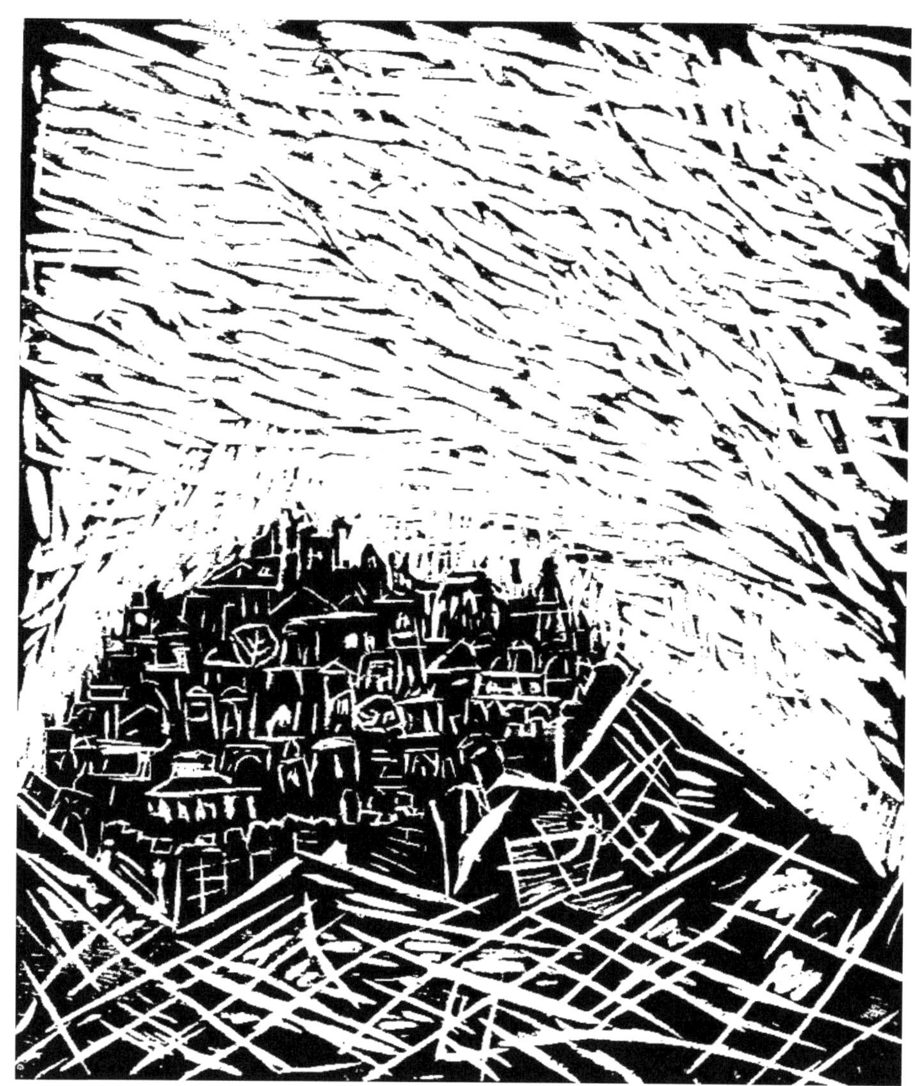

„Felsendom im Morgenglanz"

Dome and rising sun

Bild: Magid Chasan Msajed, 14 Jahre

„Beit Doud"

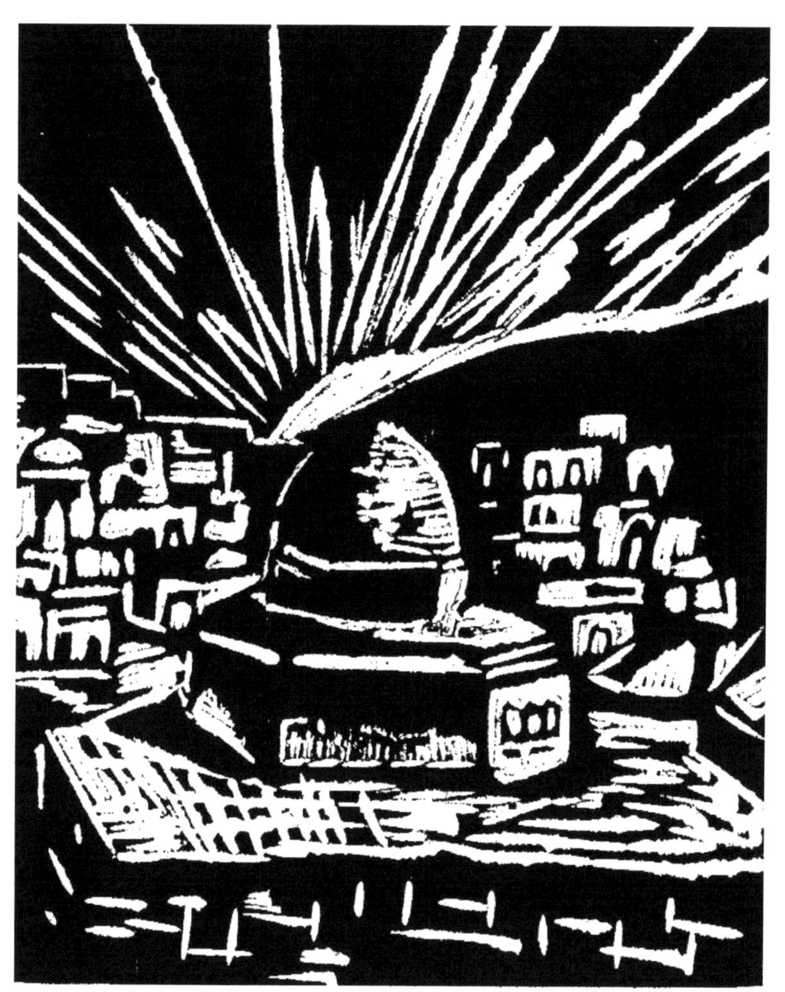

„Schöner alter Bogen"

An ancient Archway

Bild: Ruth Bar, 15 Jahre

Shoresh, Neve Ilan

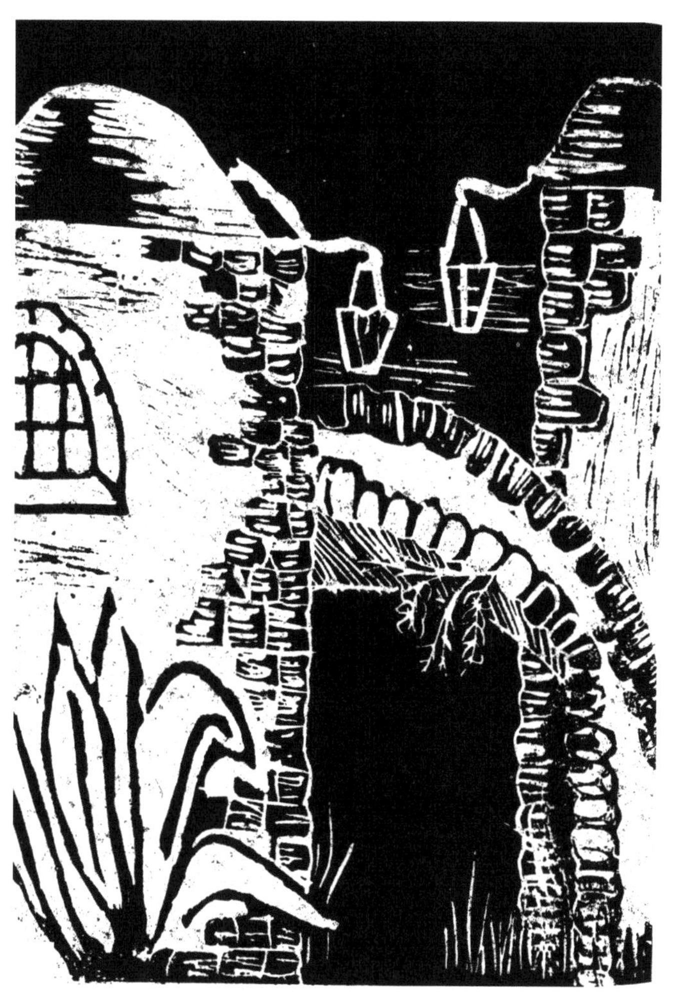

„Eine Szene in der Altstadt"

A scene in the Old City

Nirgends kann der Israelfahrer die Anziehungskraft des Orients so
intensiv erleben wie in der Altstadt von Jerusalem.
Im „Souk" herrscht jeden Tag buntes Marktgetümmel.
Auch der Bildtitel „Herbergssuche" könnte der Szene mit Maria auf dem Esel
zugedacht werden. So interpretiert, wäre der Linolschnitt ein echtes Weihnachtsbild.

Text: Johanna Falk

Bild: Amad Farid, 14, „Beit Doud" ICCY

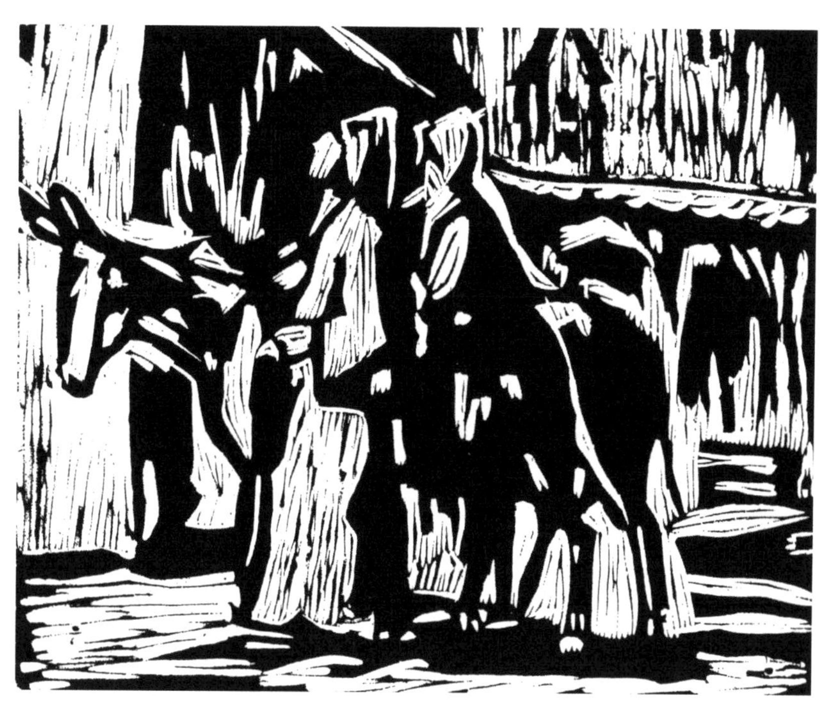

„Schönheit und Anziehungskraft von Jerusalem"

Meine Stadt aus Stein

The beauty and power of Jerusalem

Jahrtausende haben an dieser Stadt gebaut. Uralte Tempelmauern

tragen Klage und Gebet von Jahrtausenden. Goldene Kuppeln übersteigen sie.

In ihr stellt sich in apokalyptischer Schau eine himmlische Wirklichkeit dar.

Text: Gotthilf Ehninger

Bild: Shimon Gibson, 16, Experimental Highschool

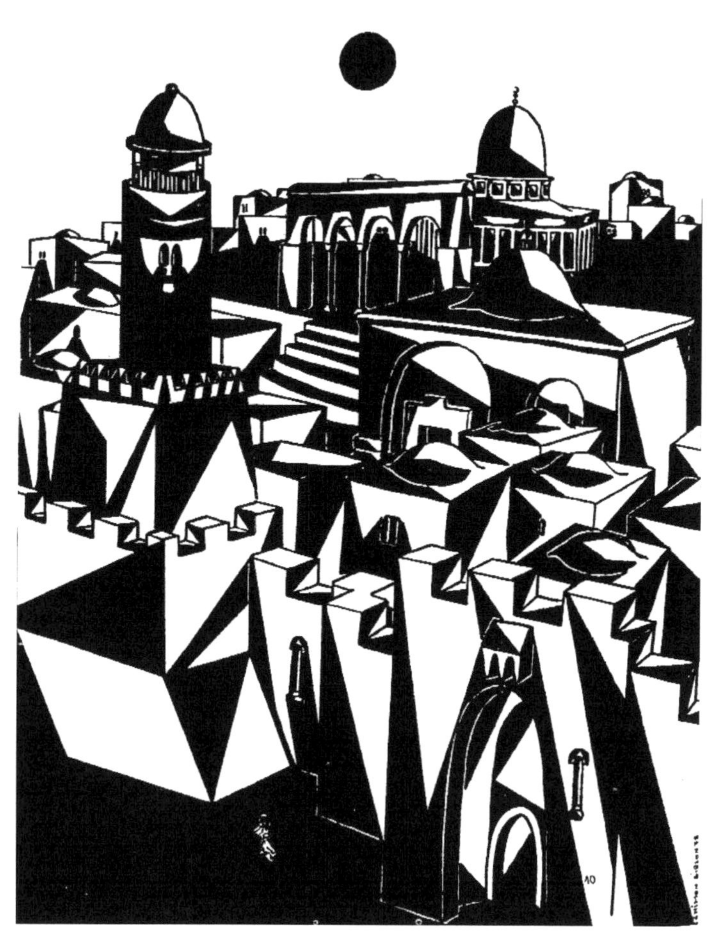

„Ein Eckchen bei der Mauer"

A corner by the wall

Bild: Rina Bachar, 14 Jahre

„Szold" - School

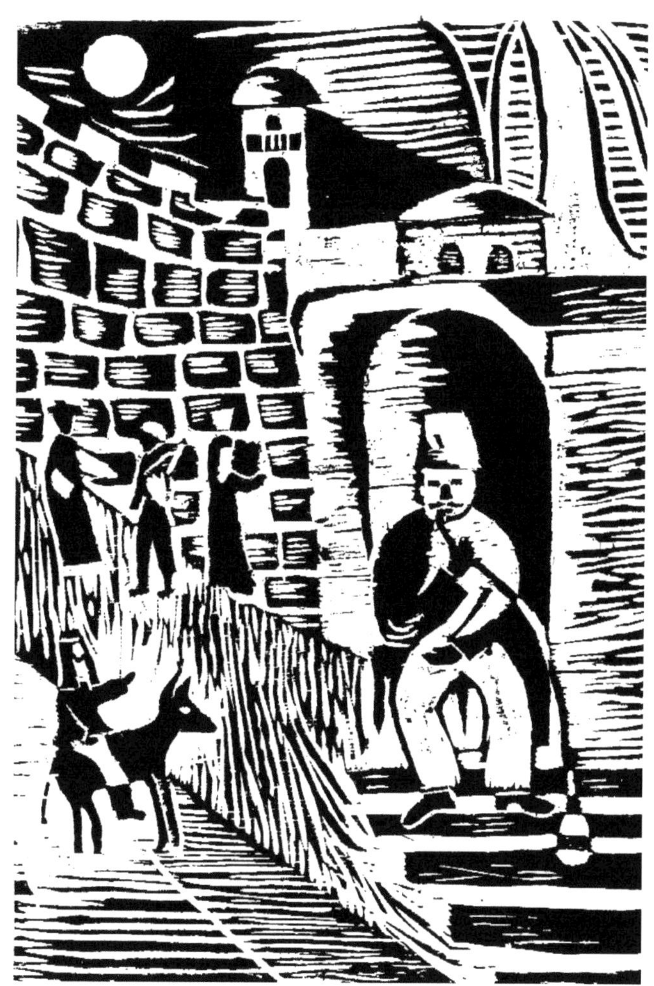

„Steinmetz in Jerusalem"

Stone mason

Bild: Eyal Dreyfuss, 17 Jahre

Maaleh Hamisha, Neve Ilan

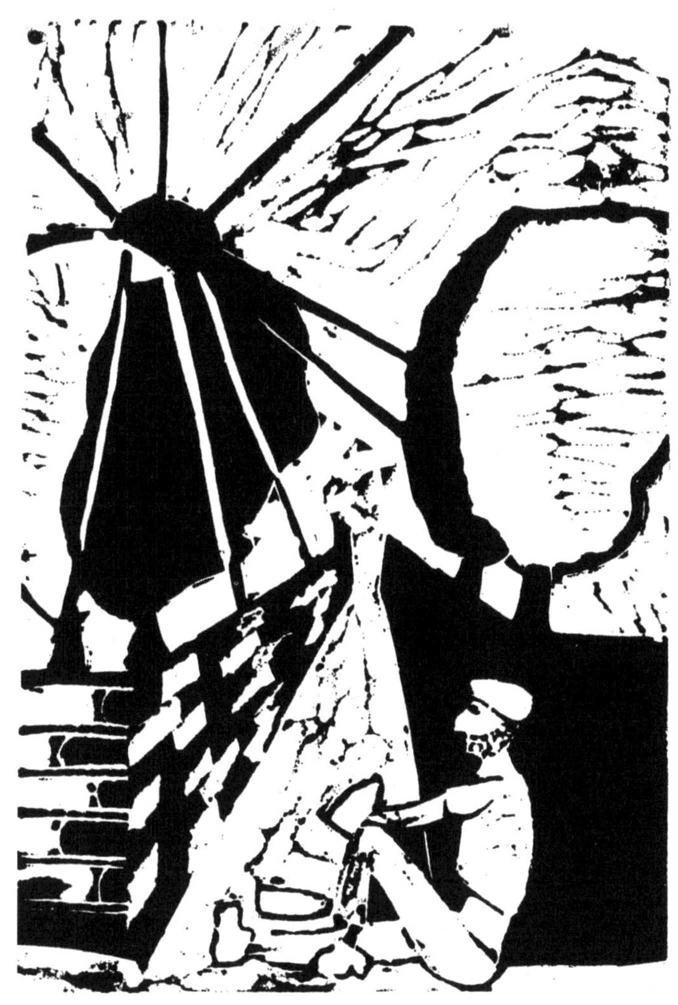

„Gemeinsame Zukunft für Jerusalem"

A peace march to Jerusalem

Die Kinder stehen weiß und schwarz, wie das von Anbeginn

voneinander Getrennte und Entfernte, miteinander verbunden,

eng, Hand in Hand in einer Kette vereint.

Das Dunkel der Mauer wehrt nicht mehr,

ist nicht mehr trotzig und unzugänglich.

Das Schwarz ist durchbrochen. Es schließt sich auf wie ein Tor

und öffnet sich in lichtere Mitte, in eine hellere Zukunft hinein.

So stehen sie nebeneinander, miteinander und füreinander,

in gleicher Höhe, in gleichem Rang, von gleicher Gestalt:

Ausblick auf ein noch nicht Erreichtes.

Text: Gotthilf Ehninger

Bild: Ravital Weinberg, 15, University Highschool

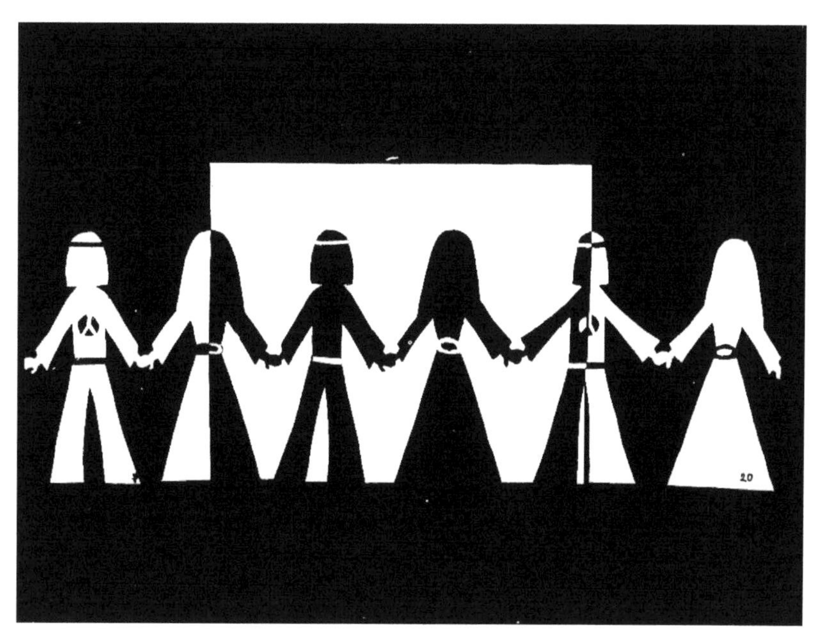

„Quelle in der Kreuzfahrer-Kirche"

Spring in the Crusader Church

Bild: Jacub Said, 14 Jahre

Abu Gosh

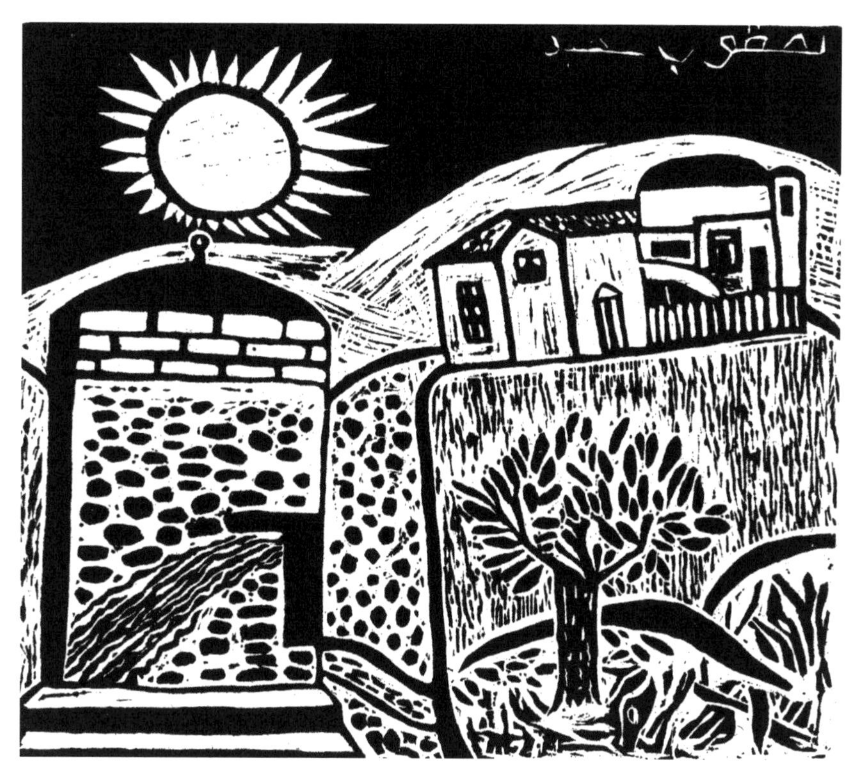

„See Genezareth"

Kineret Lake

Vom See Genezareth ließen wir uns einmal in ein Drusendorf fahren.

Wir hofften etwas über die Geheimreligion der Drusen zu erfahren,

die als Sekte des Islam gilt.

Text: Barbara Ollesch

Bild: Moshe Eldano, 12, Shalom Aleichem School,

Migolal Haemek

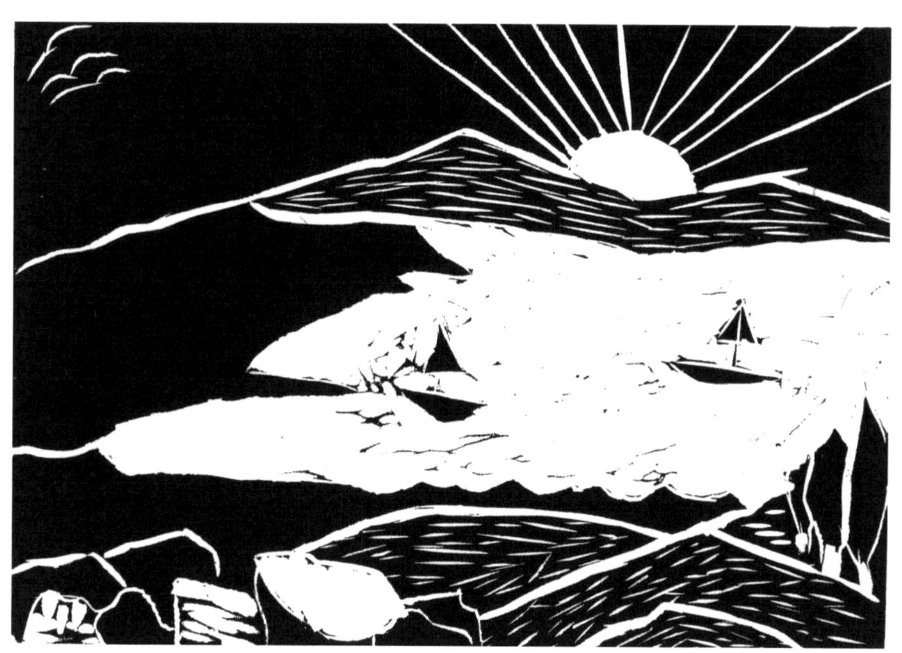

„Abrahams Brunnen"

Abraham's well

Wasser in der Wüste,
geschöpft aus den Tiefen der Erde, ihren uralten Adern,
damit ergrünt
was in der Dürre erstarrte.
Wege wie Wolkenzüge,
flüchtigste aller Fährten,
verwehend im Wüstensand,
aber dennoch
dem Siegel gleich.
Jahrtausende alte eingeinnerte Spur
auf der Suche des Lebendigen.

Viel ist in den alten Berichten von den Brunnen in der Wüste die Rede. Sie werden die Brunnen des Lebendigen und Sehenden genannt. Nach ihnen graben die Menschen und ihre Feinde schütten sie zu. Wir spüren den gleichnishaften Charakter des Bildes in seiner Entsprechung und seine Hintergründe im Bedeutenden und Sinnvollen. Zum Wasser, das Leben spendet, führen viele Fährten: Fährten von Menschen und Fährten von Tieren, Rinnsale des Schicksals, ebenso veränderlich wie reich an Gestalt. Es sind dunkle und helle Wege, die zum Ursprung hinführen, zum Ort der Begegnung, zur Ur-Sache. In den Kreisen der Steinsetzung des Brunnenrandes kommt eine Bewegung zur Ruhe. Von lockerem Gleichgewicht umspielt ist eine Mitte betont. Dem schwarzen Tier „antwortet" ein weißes. In ihren Satteldecken ordnen sich die Strukturen der Hintergründe zu Mustern. Dieses Bild führt in die Ausstellung ein. Es kann für das Ganze gelten, für den Versuch des Menschen, den Wüsten der Erde und den Wüsten der menschlichen Herzen neues Leben zu entringen.

Text: Gotthilf Ehninger
Bild: Jaffa Meir, 15, (Irak), Beersheba

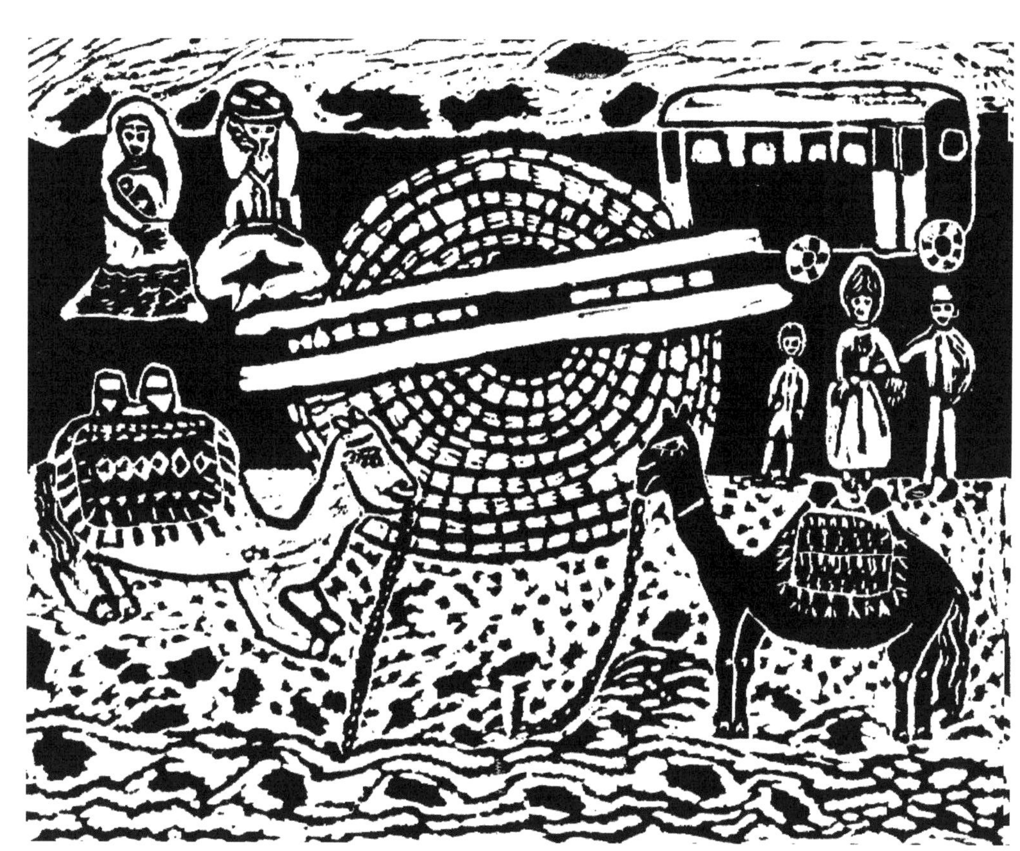

„Karawane in der Wüste"
Caravan in the desert

Das Wort Negev bedeutet trocken. Gelb, braun oder ocker
sind die Farben der Wüste, aber grün ist die Farbe der Fruchtbarkeit.
Da wachsen Dattelpalmen und Kakteen, die mit saftigen Früchten
unter stachliger Hülle eine süße Überraschung bereithalten.

Text: Barbara Ollesch
Bild: Carmela Batzon, 15, (Irak)
Beersheba

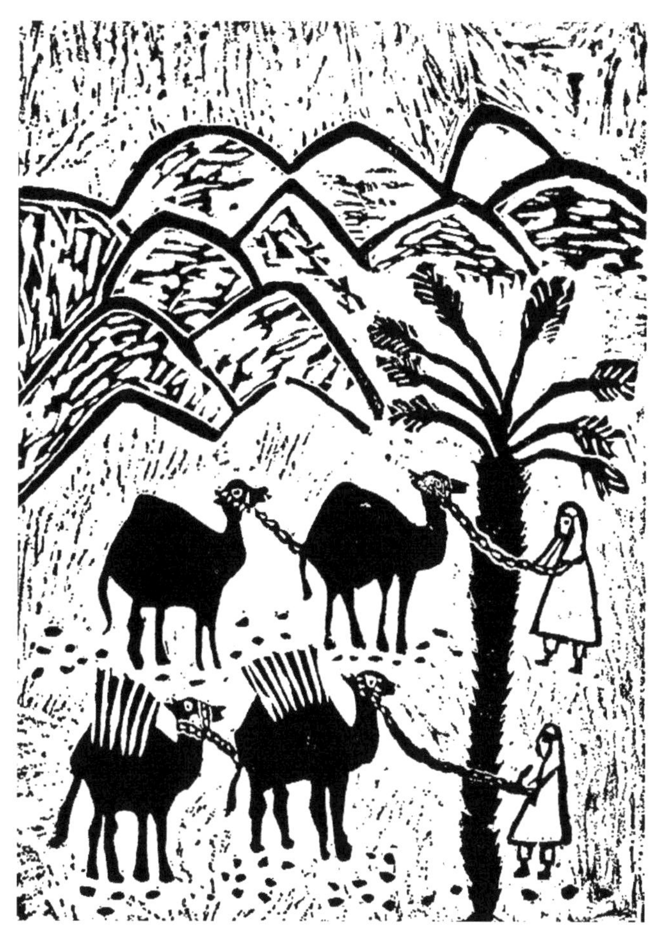

„Die Wüste blüht"
Desert in bloom

Wunder der Wüste,
wenn Wasser ihren verborgenen Tiefen
das Leben entlockt,
aus ihrer Erstarrung erlöst,
sie aufblüht in Farbe und Duft.
Die Himmel weiten sich
unter den Flügeln der Vögel.
So auch erblüht
unter der Sonne
das verwüstete Herz des Menschen.

Text: Gotthilf Ehninger
Bild: Khalil Muhamed 15, (Ekseifa, Abu-Rabia), Beersheba

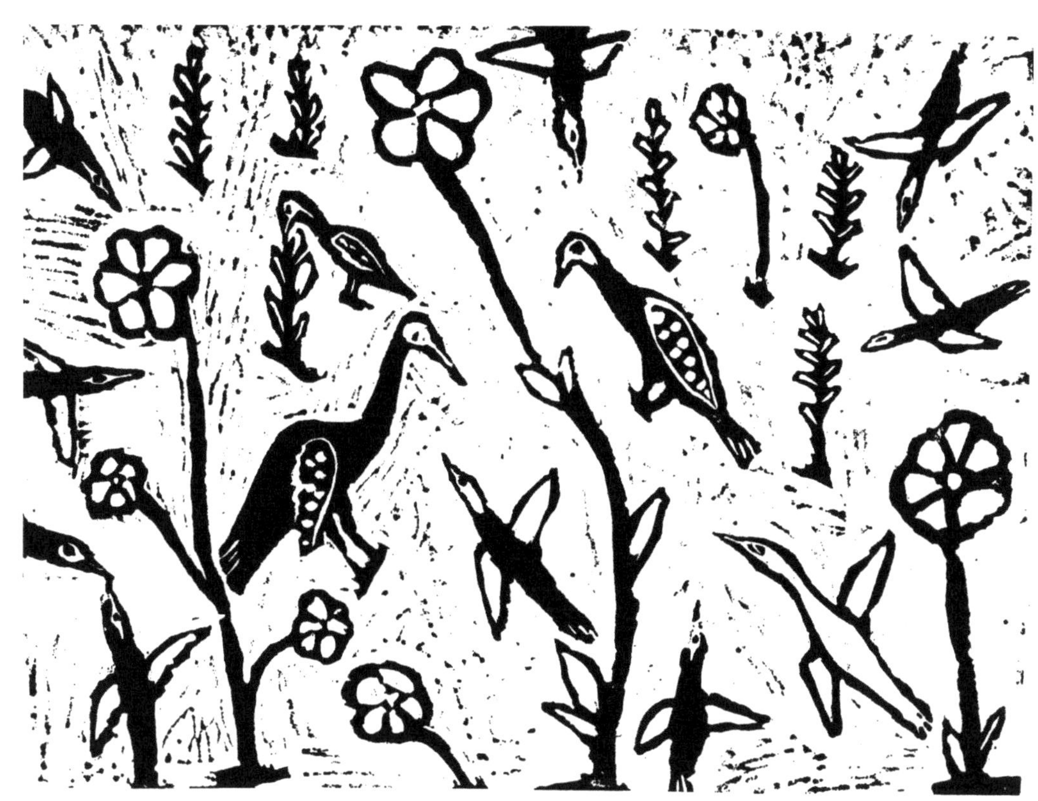

„Beduinenzelt"
Inside a bedouin tent

Verankert im Wüstensand,
für Staatsempfänge nicht geeignet,
Behausung im Unwirtlichen,
im beschützten Geviert
das Gespräch.
Bereitet für den Durst
das dunkle Gebräu,
die weiße Milch der Mutter.
Das Wasser geschöpft vom Brunnen
nimmt dem Schwarz der Sonne
das Unheimliche.

Text: Gotthilf Ehninger
Bild: Saqer Salameh, 15, (Ekseifa, Abu-Rabia)
Beersheba

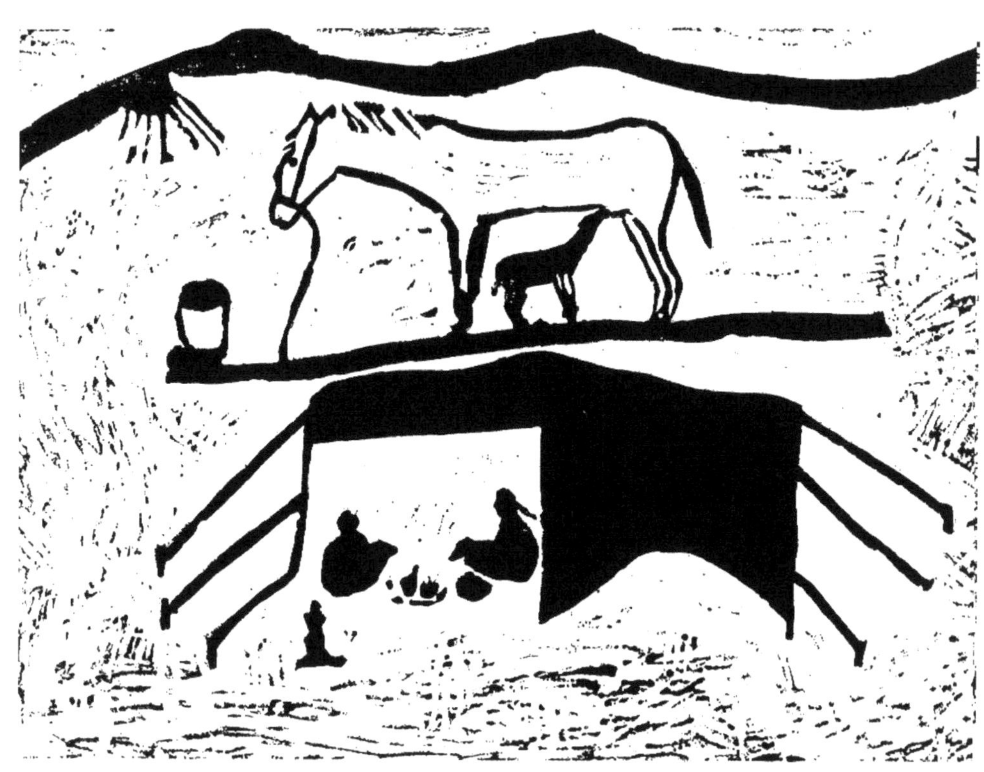

„Unsere Pferde"
Our horses

Im Sand der Wüste,
verkettet in rhythmischen Reihen,
Menschen und Tier
im Gleichklang.
Wandernde Dünen im Andrang
von schwarz und weiß,
hell und dunkel.

Verblüffend die Schärfe der Beobachtung der Nomadenkinder. Rhythmische Reihen im Gleichklang der Bewegung. Pferderücken wie Wogen der Dünen. In ihrer Wiederholung versinnlichen sie die Wiederkehr der Wellen, die Beständigkeit des Wechsels. Lebensrhythmus wie Pulsschlag und Atem.

Text: Gotthilf Ehninger
Bild: Khalil Muhamed, 15, (Ekseifa, Abu-Rabia)
Beersheba

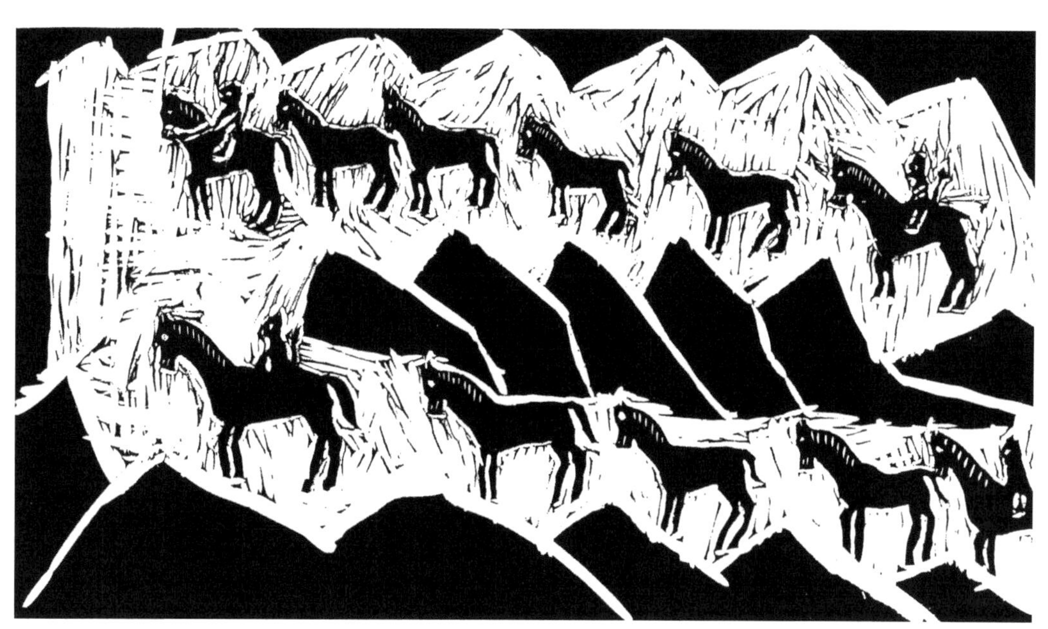

„Kibbuz Kiryat Anavim“
(Stadt der Trauben)
Kibbutz Kiryat Anavim

Das Bild zeigt die Tendenz zu flächenhafter Darstellung.
Der junge arabische Künstler transformiert eine am Abhang
aufsteigende Siedlung in ein Flächenbild,
in eine Addition ihm auffallender Einzelheiten,
auch hier Bildern aus orientalischen Geweben vergleichbar.

Text: Heinrich Strauss, Herausgeber der Mappen Israel und Jerusalem
Bild: Nabil Abdul Madjid, 14, Abu Gosh

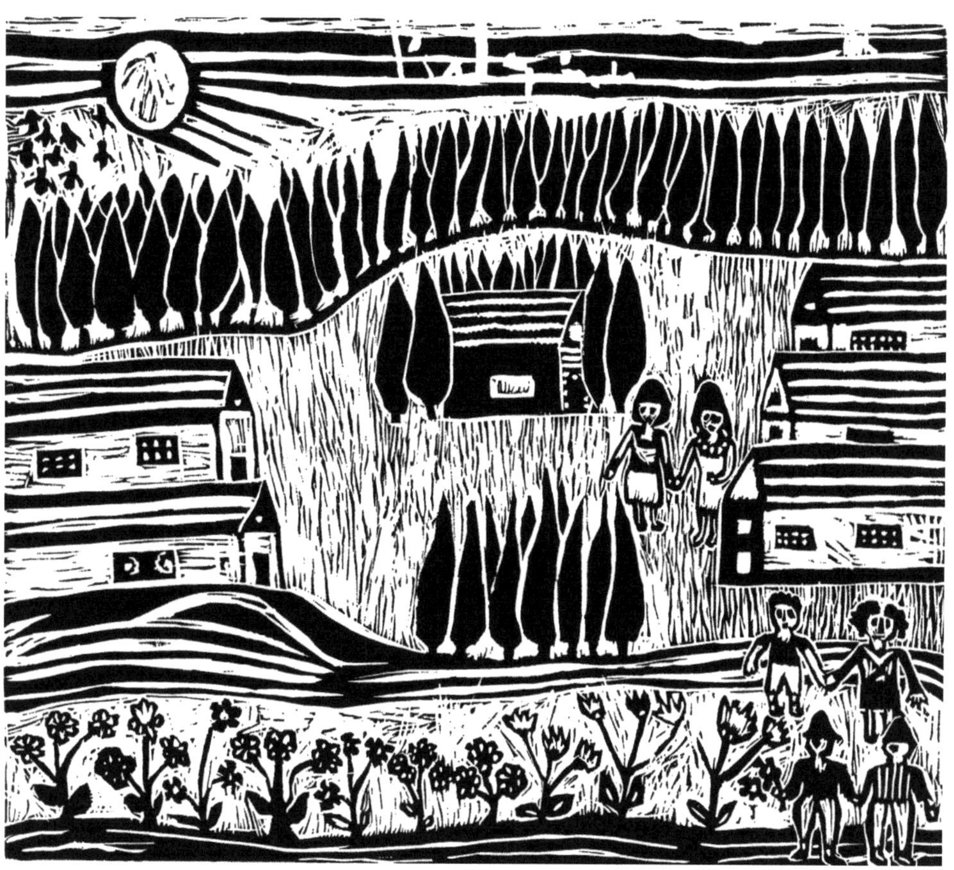

„Schönes Israel"

Beautiful Israel

Bild: Valentin Moster, 9 Jahre

Hadekel School Carmiel

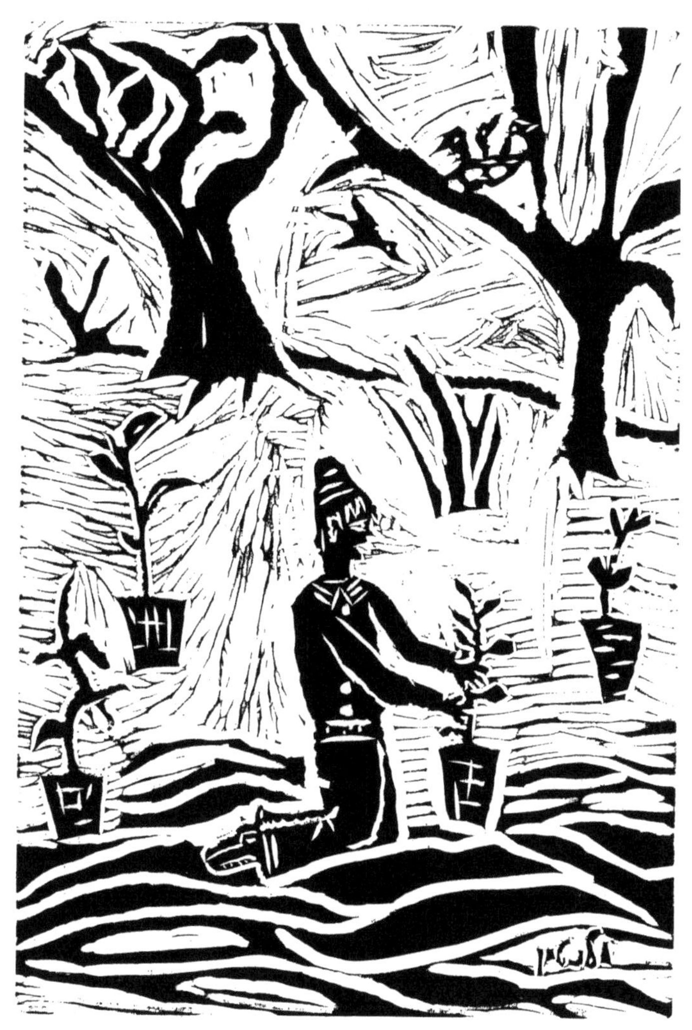

Auf den weich wie Wasser fließenden Strukturen des Sandes, die in ihrem Zusammenspiel ein tragendes Grau ergeben; weiß das große Wüstenschiff vor dem einladenden offenen Tor. Es hat sich raumfüllend niedergelassen, mit der Geste einer großen Woge schwingen seine Konturen, das Rund des Bogenmotivs aufgreifend, über das gesamte obere Bildfeld. Ein aufmerksames Auge beobachtet das seltene Geschehen einer ungewöhnlichen Begegnung. Wie mit einem Baldachin umrahmt überragt sein kostbares Sattelzeug den hohen Gast. In strenger, feierlicher Frontalität und in der durch seine Begleitpersonen betonten Symmetrie von dem Gewölbe des Kamelrückens zusammengefasst, lauscht der festlich gekleidete Herr der Wüste den begrüßenden Worten des jüdischen Mädchens. Er ist der Einladung gefolgt. „Schick Deine Söhne zu mir", das war Puahs Aufforderung. Und sie war stolz, dass der erste akademisch gebildete Arzt, der in einem Nomadenzelt aufwuchs, aus ihrer Schule kam. Nicht umsonst hat sie ihr Weg in die Zelte der Wüste geführt als Ruferin.

Text: Gotthilf Ehninger
Bild: Mazal Khuri, 15, (Marokko)
Beersheba

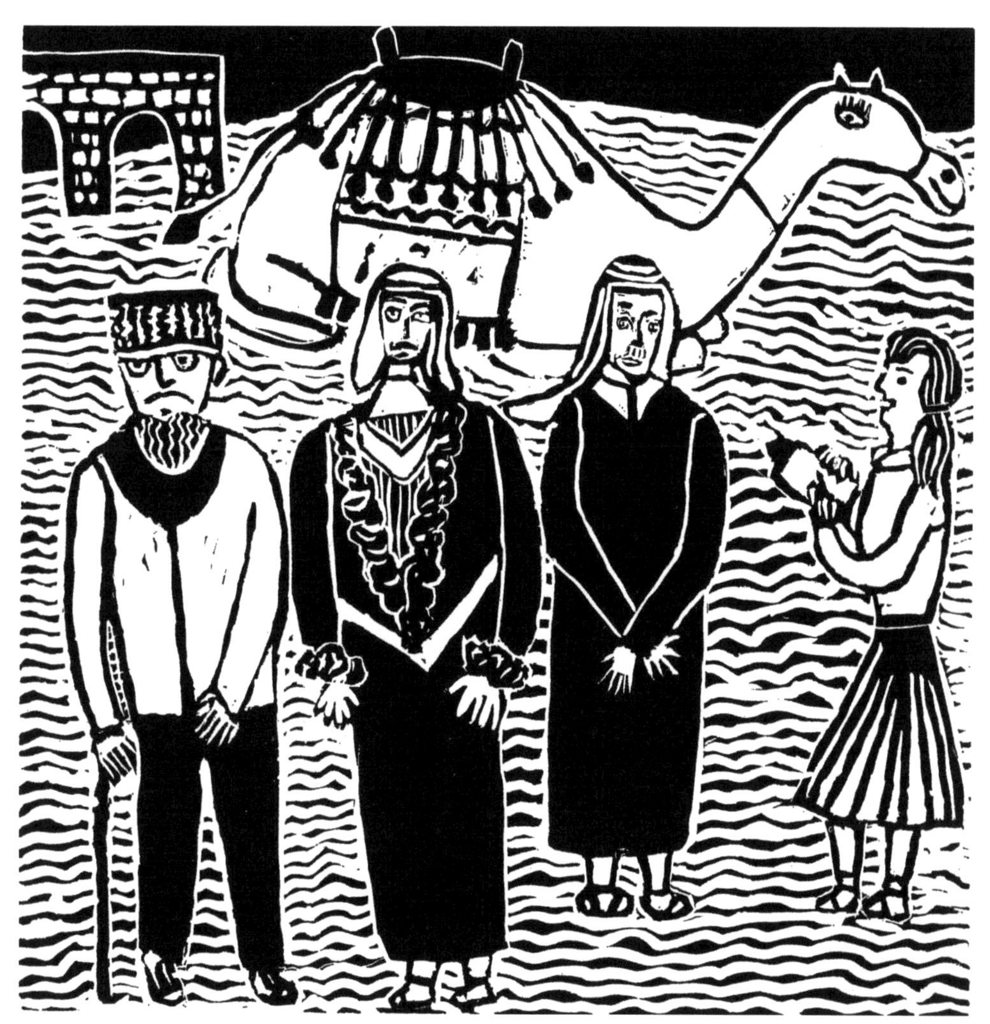

„Beschneidungsfeier"
Circumscision feast

Aufschrei des Kindes
Tränen der Mutter
vor dem Festmahl
zu dem wir geladen sind.

Randfüllend ist in dem Bild der *Beschneidung* Schwärze ausgebreitet, eingetaucht in die Tinte der Nacht. Es ist der Schmerz der Mutter, ihre Tränen, nicht nur ein Nachklang der Wehen der Geburt, die ein Abschied war und das Erwachen des Kindes zum Leben, wie eine erste Todeserfahrung. Eingetaucht in Dunkelheit der Schrei des Kindes. Dunkelheit als erste Erfahrung, 'deren das Licht bedarf, um sich artikulieren zu können' (Whistler). Es ist gegenwärtig, nicht nur in der festlichen Szene, die über die Schmerzensszene dominiert und die obere Hälfte des Bildes beherrscht. Nach dem Durchgang durch die Leiderfahrung sind wir gerufen zu den Freuden der Tafel. Der Tisch ist reich gedeckt. In der Komposition des viel-figurigen Blattes, in dem Zeit und Raum noch aufgehoben sind, äußert sich ein „kleiner Leonardo". Wir könnten noch lange voll Verwunderung und Staunen in der Anschauung der bildnerischen Kräfte verweilen, die ihrer selbst noch nicht bewusst geworden, aus der Tiefe der kindlichen Seele auftauchen und Gestalt werden.

Text: Gotthilf Ehninger
Bild: Schoschana Fein, 15, (Rumänien)
Beersheba

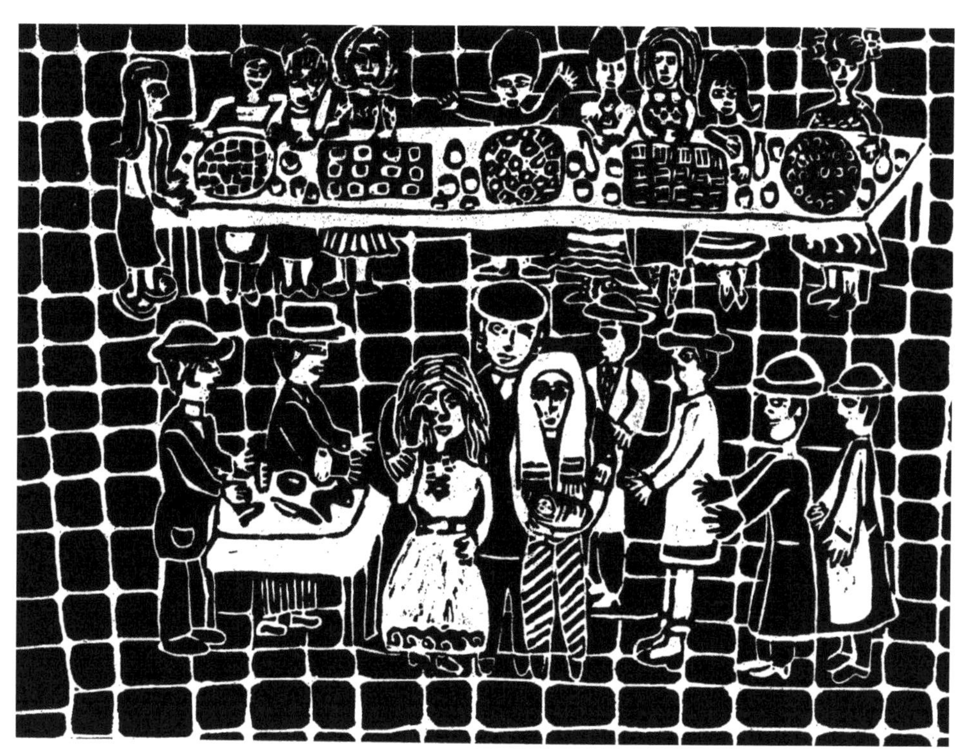

„Afro-Asiatischer Besuch"

Afro-Asian visit

Die Grafiken von jüdischer Jugend betonen immer
wieder die Begegnung des Exotischen mit dem Modernen.
Auf dem Bild sieht man zwei Besucherinnen in exotischer Kleidung,
die von Bewohnern eines Hauses aus den Fenstern und auf der Straße
stehenden Personen gehörig angestaunt werden.
Die künstlerische Phantasie dieser Jugend beschäftigt
eben besonders das Zusammentreffen des unverfälschten Orients
mit europäischen Einwanderern und Touristen.

Text: Heinrich Strauss
Bild: Simcha Shemesh, 15, (Irak)
Beersheba

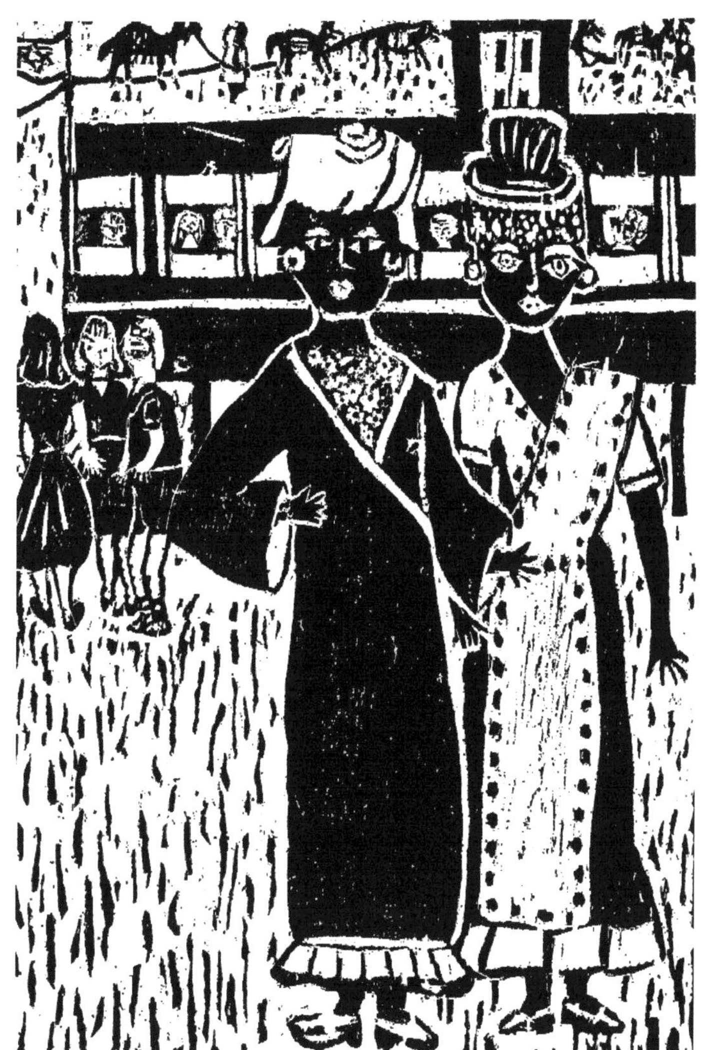

„Trauernde Frau"

Mourning woman

Künstler unbekannt

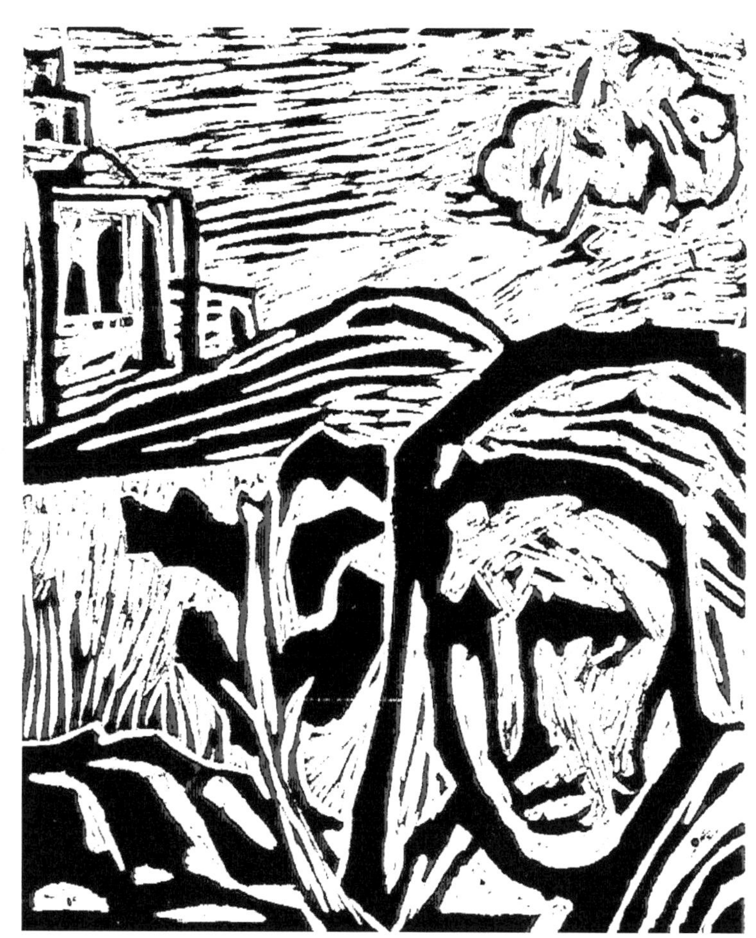

„Junge und Mädchen musizieren"
The young musicians

Verzehrendes Licht der Kerze
und der Pendelschlag der Uhr
mahnen Vergänglichkeit.
Was bleibt
entlocken die Hände
dem Saitenspiel.

Text: Gotthilf Ehninger
Bild: Lisette Saadon, 15, (Tunesien)
Beersheba

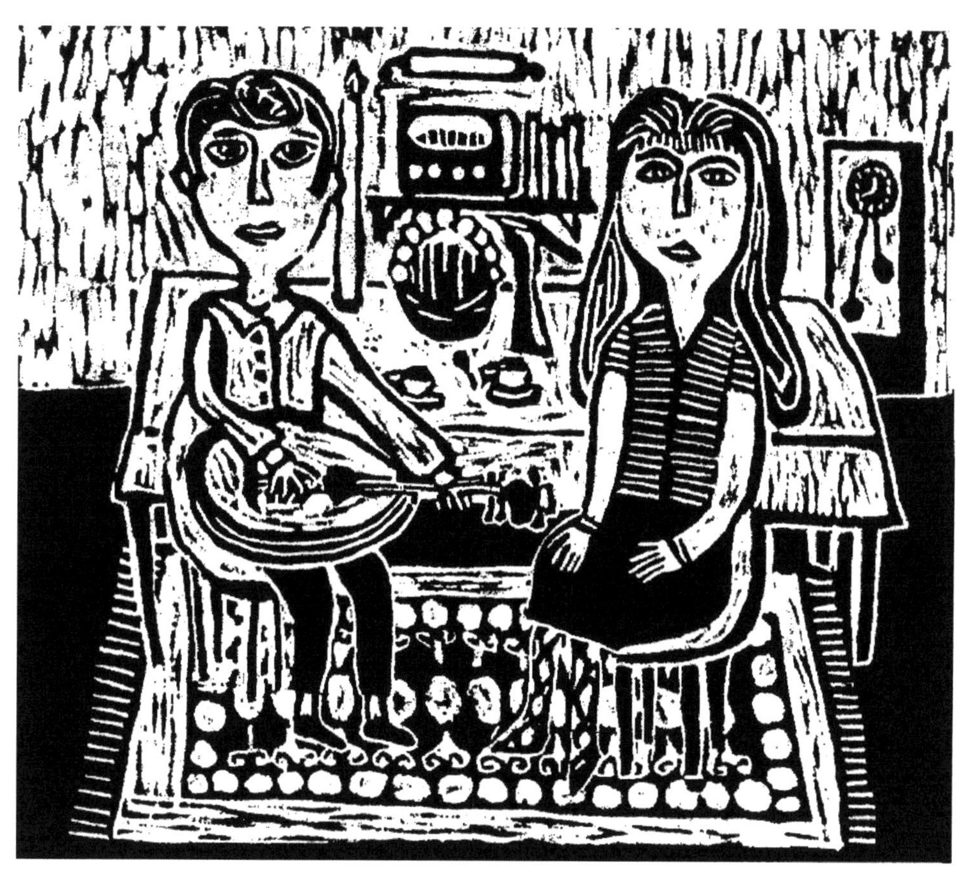

„Chassidischer Tanz"
Chassidic dance

Die Bewegung des tanzenden Chassid
und die musikalische Inbrunst des Geigers
sind mit wenigen Strichen eindrucksvoll gestaltet.
Max Liebermann mit seinem Satz: „Zeichnen heißt weglassen"
hätte an diesem Bild seine Freude gehabt.

Text: Heinrich Strauss, (Herausgeber der Bildmappen Israel und Jerusalem)
Bild: Olga Schnittke, 15, University Highschool

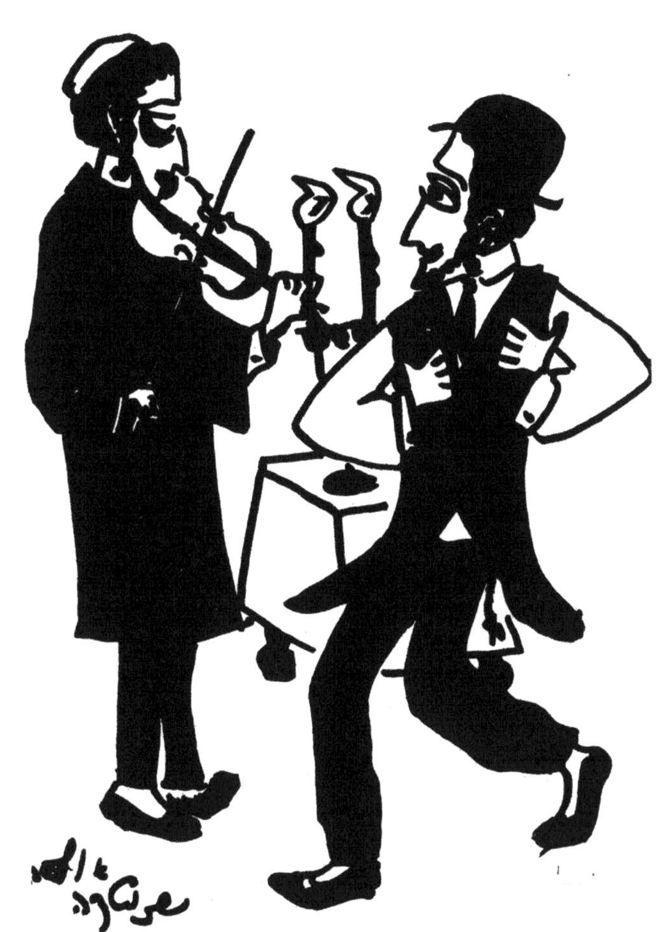

„Hirtenjunge mit Flöte"

Shepherd playing the pipe

Künstler unbekannt

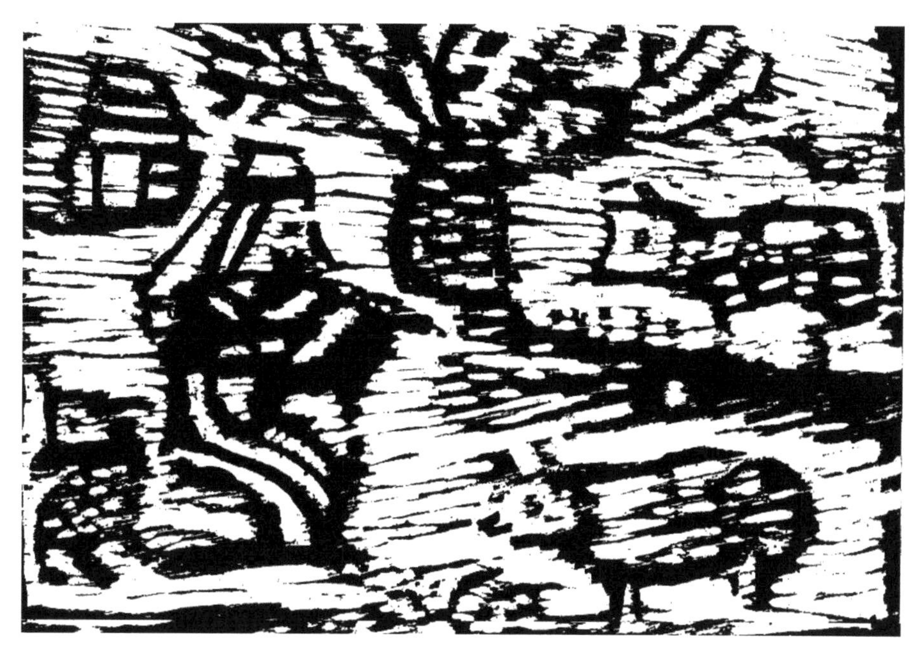

„Der Esel"

The donkey

Bild: Naama Mustafa, 14 Jahre
Abu Gosh

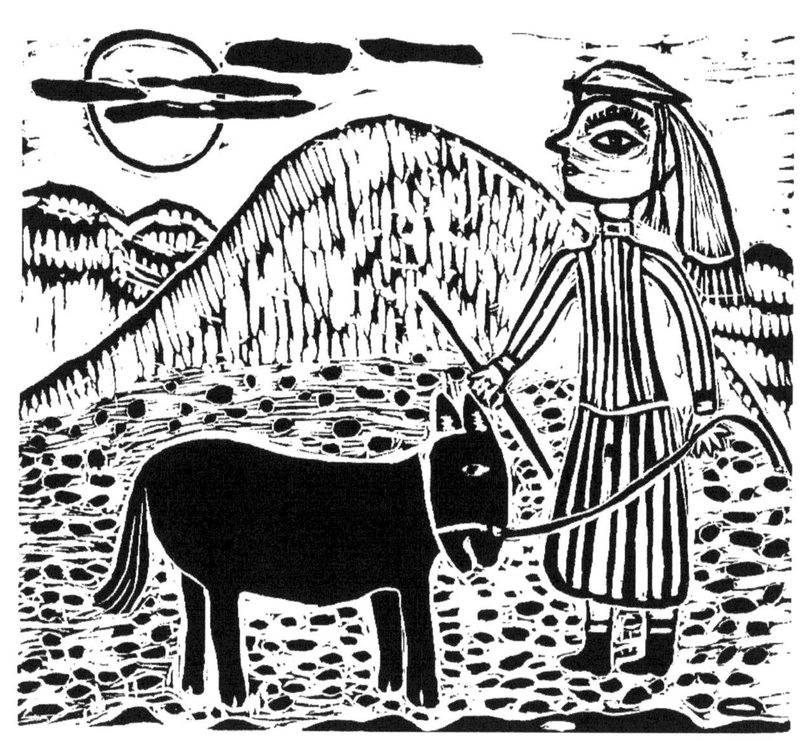

„Das Dorf"

The village

Bild: Isdihar Said, 15 Jahre
Abu Gosh

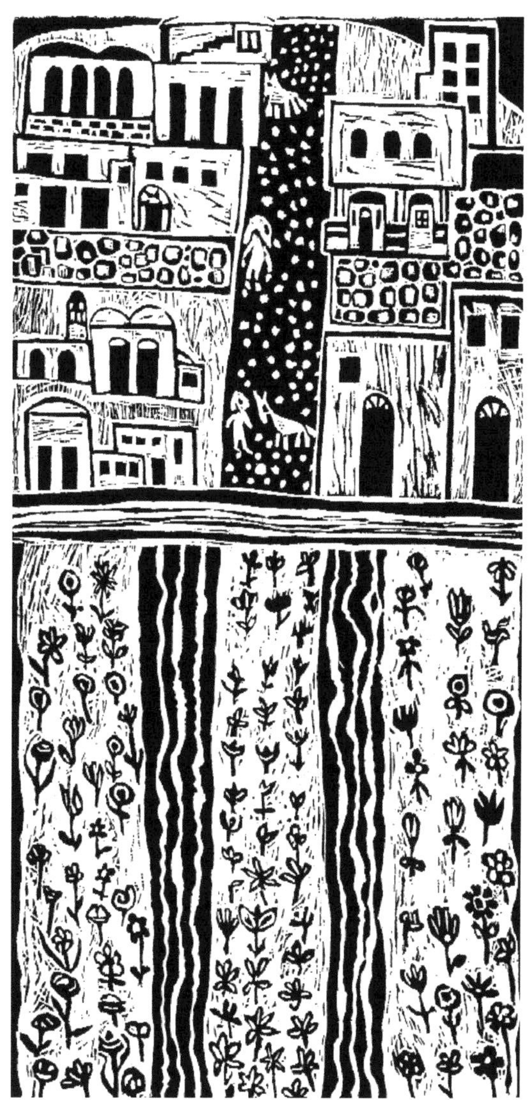

„Wiegenlied"
Lullaby

Wie auf Perlenschnüre gereiht
tropfen Töne.
Morgentau schimmert auf die Knospe
erwachenden Lebens
im Licht der Liebe.

Welch ein friedvolles Bild. Weißgewandet die junge Mutter. Hände, die in die Saiten greifen, groß in ihrem Maßstab, bedeutungsvoll in ihrer Gestik. Überlang in der Streckung die Arme, die das Instrument ergreifen, seltsam verflochten in die Harfe wie Schuss- und Kettfaden orientalischer Teppiche mit ihren bunten Bildern. Sie erblühen in anderer Weise in dem zarten Gespinst der Töne. Saitenspiel, das in das Herz des schlummernden Kindes fällt. Traumbild hinter geschlossenen Lidern. Darüber schwerelos schwebend der Reigen flügelnder Genien. Wie übersteigt das Harfenlied der Mutter, gemessen am Maßstab der Bedeutung die wirkliche Größe von Mutter und Kind!

Text: Gotthilf Ehninger
Bild: Lilian Salem, 15, (Tunesien)
Beersheba

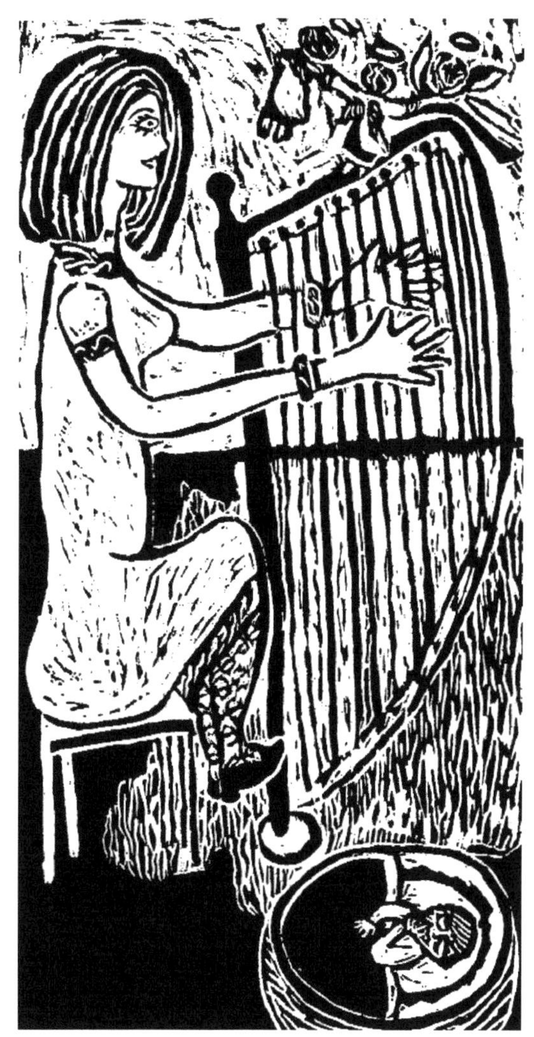

„Zwei Freunde“
Two friends

Dies ist eine UR-Kunde, eine längst vergessene,
bewahrt und versiegelt in Kinderherzen,
geschaffen von Kinderhand.
Ursymbol östlicher Kulturen:
Hell und Dunkel, Yin und Yang,
Schwarz und Weiß sich vermählend,
das eine im anderen das andere im EINEN,
erblühend in der Begegnung,
im Kornfeld des Lebens, dem oft steinigen.

Die polare Spannung von Schwarz und Weiß stellt sich in unserem Blatt in dem Unterschied der Hautfarbe dar. Dass Weiß und Schwarz sich wiederfindet in der liebevollen Darstellung eines jungen Paares zeigt, wie beides zusammen gehört und ein Ganzes bildet, eines im anderen ist, wie Leben und Tod, Tag und Nacht, Glück und Leid. Auf eine Formel gebracht findet sich dieser Gedanke in dem chinesischen Zeichen von Yin und Yang, das man fast als Kompositionsschema wiederzuerkennen glaubt: Weiß und Schwarz, ineinander gespiegelt, verschränkt und verworfen. Eines hat Anteil im Anderen und bedarf dessen um sich dokumentieren zu können, sowie das Licht der Dunkelheit bedarf um sich zu zeigen und die Pracht des Sternenhimmels der Tiefe der Nacht. Die Spannungen haben ihre Dämonie verloren. In ihrem Ineinander und Miteinander blüht etwas auf. Hass wird durch Liebe verwandelt, Blume und Frucht werden zu ihrem Gleichnis. Unsere Liebe reift wie die Ähren des Korns. In ihm steckt die Kraft der Verwandlung, zu der auch in Jahrtausenden versengte Wüsten befähigt sind, draußen in der Natur und im Herzen der Menschen. In ihrer Hand, liebe Betrachtende, liegt es, ob Wüsten zu Gärten verwandelt, oder Gärten verwüstet werden.

Text: Gotthilf Ehninger
Bild: Mordecai Cohen, 15, (Rumänien) Beersheba

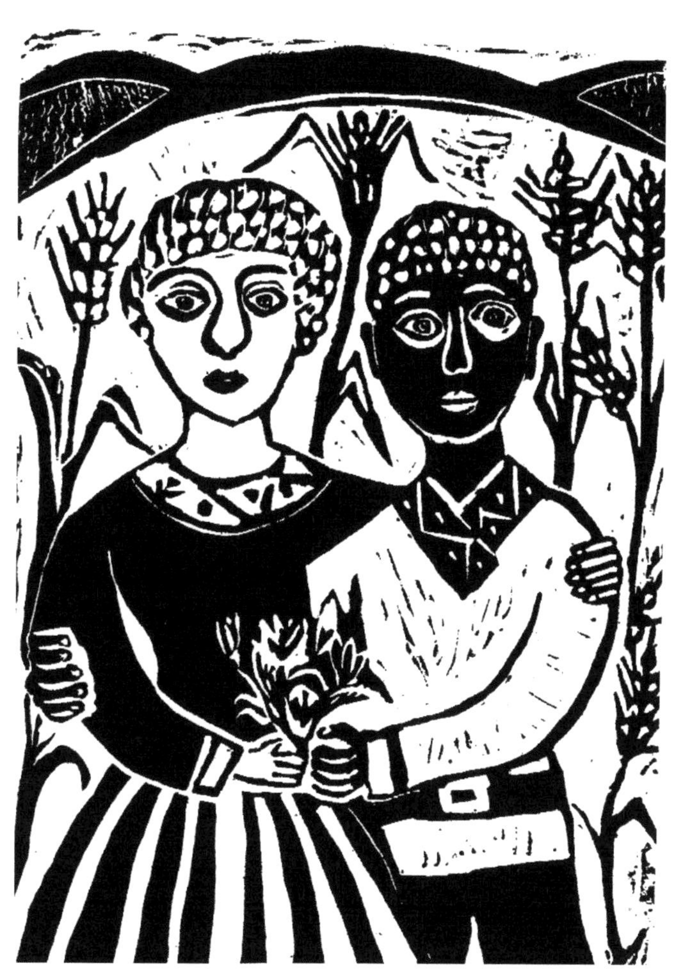

Teil II

Eine Ausstellung ist unterwegs

Gastorte der Ausstellung:

2003: Begegnungsraum und Kapitelsaal der Evang.-Luth. Dekanatskirche St. Stephan, Würzburg

2004: Kathedrale von Coventry, Weltversammlung der Nagelkreuzzentren

2005: Cambridge und Eton College, Projekt „Art Beyond Belief"

2006: South Hill Park Arts Centre in Bracknell, London, Internationales Kunstprojekt der
      Children´s International Arts Organisation CIAO

2008: Besucherbereich und Verwaltung der Justizvollzugsanstalt Würzburg

2011:Volkshochschule Würzburg, Galerie im Flur

2011: Nagelkreuzzentrum Ev.-Luth. Martin-Luther-Gedächtniskirche, Berlin

2015: vom 6. bis 26. März 2015 im Foyer der Sparkasse Mainfranken Würzburg, Hofstraße.

2017: vom 24. Januar bis März im neuen Gemeindehaus St. Paul Würzburg/Heidingsfeld

2018: von Mitte Februar bis Mitte September im Kolping-Center-Mainfranken

Im Jahr 2004

machten 20 Bilder der Ausstellung mit mir eine Flugreise nach Coventry in England zur Weltversammlung der Nagelkreuzzentren. Ich kaufte mir einen passenden Koffer, in den die ausgerahmten Blätter passten. Dort angekommen wurden sie in der Neuen Kathedrale auf Stellwänden unter dem Titel: „Living together" präsentiert. Nach der Eröffnung konnten die Grafiken vier Tage lang von Gästen aus allen Teilen der Erde besichtigt werden.

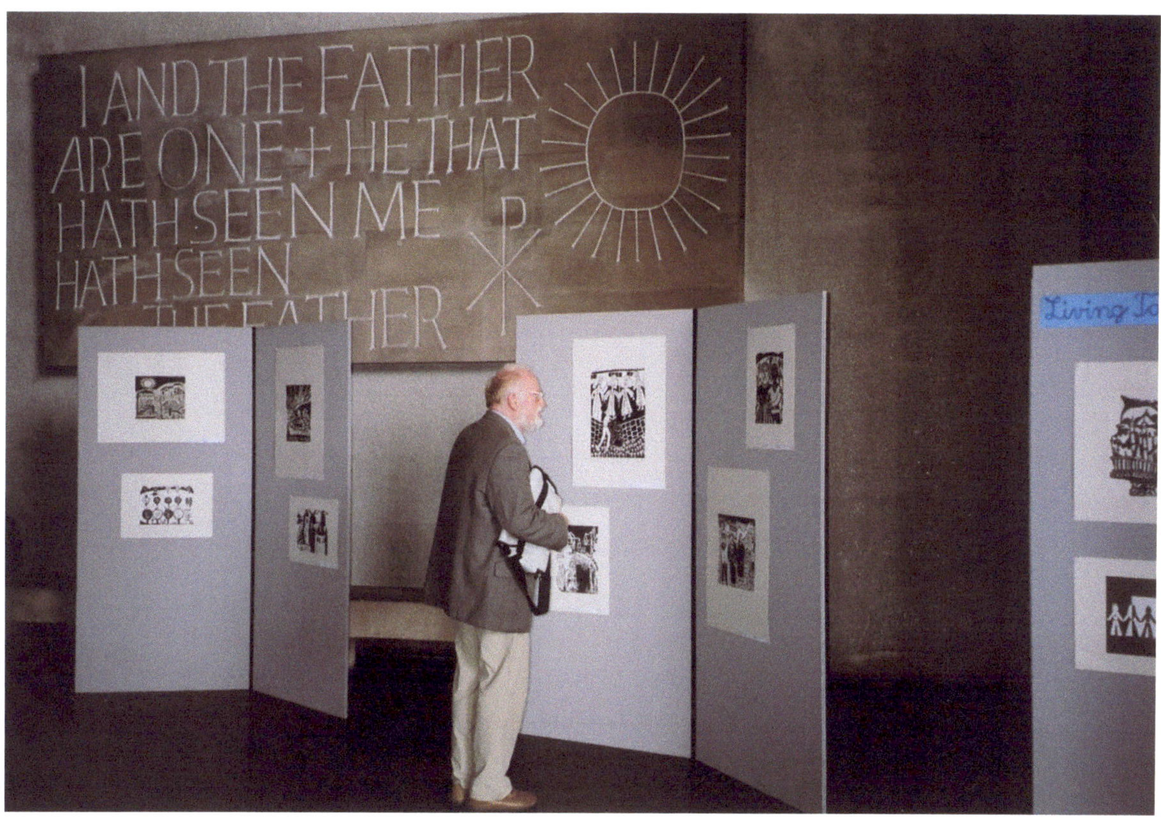

Foto: Johanna Falk

Im Jahr 2005

holte der englische Kunstmanager David Sparrow alle Bilder in St. Stephan ab und beförderte sie im Kleinbus durch den Tunnel nach Cambridge zum Eton College. Sie blieben in der renommierten englischen Bildungseinrichtung drei Monate.

Im Jahr 2006

führte David Sparrow der Weg zum South Hill Park Arts Centre in Bracknell, London. In einem internationalen Kunstprojekt, das Kunst von Kindern aus aller Welt zeigte, interessierten sich Jugendliche und Vertreter/innen von unterschiedlichen Religionen für die Linolschnitte aus Israel. Mit der Bürgermeisterin besichtigen v.l.n.r. ein Reverend, ein Imam und ein Rabbiner die Ausstellung „The Other Way".

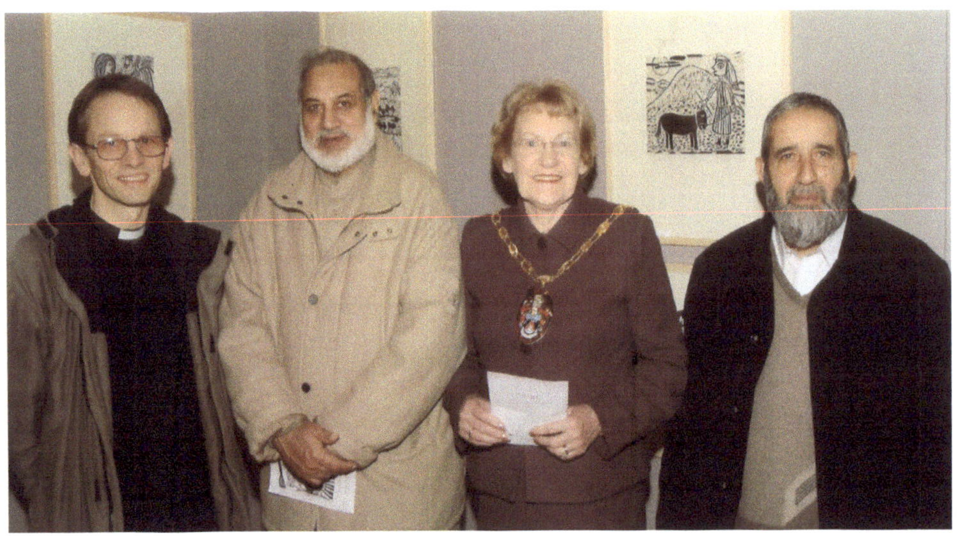

Foto: David Sparrow

Im Jahr 2008

blieben die Grafiken in Würzburg. An einem eher ungewöhnlichen Ort schmückten die Bilder die nüchternen Wände des Besucherbereichs und der Verwaltung in der Justizvollzugsanstalt Würzburg. Seit deren Eröffnung 1997 brachte mich meine ehrenamtliche Arbeit auf diesen Gedanken. Vor allem konnten Besucher die Bilder sehen, doch auch Inhaftierte erhielten die Möglichkeit.

Im Jahr 2011

holte die Volkshochschule Würzburg die Ausstellung in ihre „Galerie im Flur". Damit war ein Begegnungsort geschaffen, der bei der Ausstellungseröffnung alle überzeugte.
Bei Klezmermusik und angeregten Gesprächen genossen die Besucher die schöne Atmosphäre.

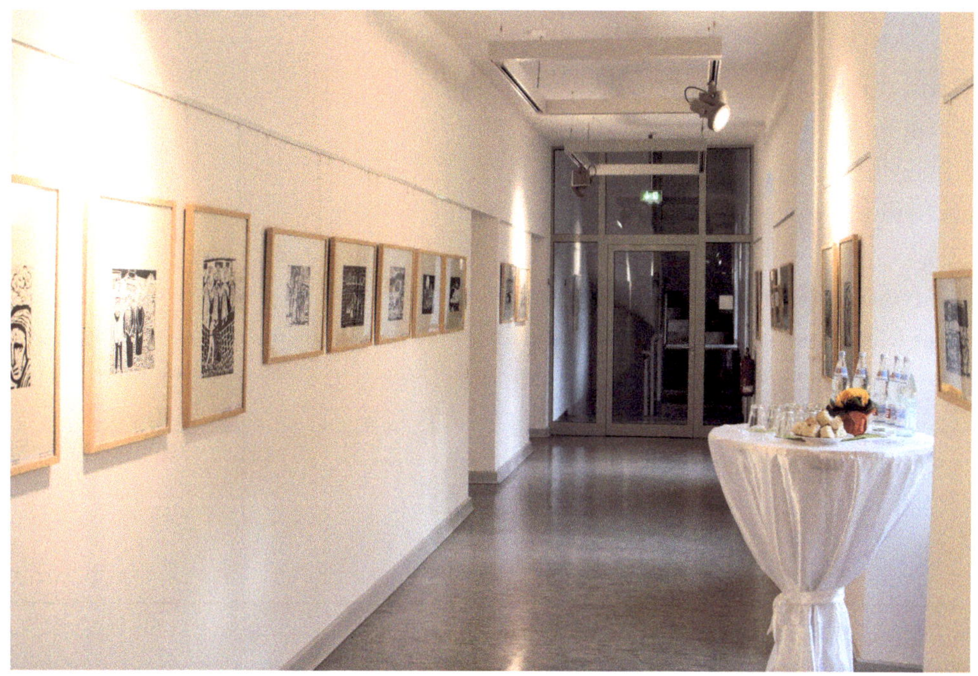

Foto: Roland Dietsch

Der palästinensische Traditionsimbiss mit Fladenbrot, Olivenöl und Za'tar (eine Gewürzmischung aus wildem Thymian, Sesam, Kreuzkümmel, Sumak, Zitrone und Salz) und dazu das in Israel kostbarste Lebensmittel Wasser kamen gut an.
Im selben Jahr 2011 holten Verantwortliche der Martin-Luther-Gedächtniskirche in Berlin die Bilder mit einem Kleinbus in Würzburg ab, um sie in der Kirche zu zeigen.
Zur Vernissage im Rahmen des 4. Versöhnungstages in Mariendorf durfte ich die Rede zur Ausstellungseröffnung halten.

Im Jahr 2015
stellte die Sparkasse Mainfranken Würzburg in ihrer Kundenhalle unsere Grafiken aus Israel aus.
Die Vernissage fand mit der Harfenistin Anne Kox-Schindelin und mit Gedichten des großen, in Würzburg geborenen israelischen Dichters Jehuda Amichai (4) statt:

Mein kleiner Sohn duftet nach Frieden
„Mein kleiner Sohn duftet nach Frieden.
Wenn ich mich über ihn beuge -
Das ist nicht nur Seifengeruch.

Alle Leute waren Kinder, die nach Frieden dufteten.
(Es dreht sich kein Mühlrad mehr im ganzen Land)

Oh, dieses zerrissene Land, wie Kleider,
Die man nicht mehr flicken kann.
Harte einsame Väter im Doppelgrab der Höhle Machpela.
Kinderlose Stille.

Mein kleiner Sohn duftet nach Frieden.
Seiner Mutter Schoß versprach ihm
Was Gott nicht halten kann".

Programmablauf

Ausstellungseröffnung

„Der andere Weg"

FREITAG, 06. MÄRZ 2015, 11.00 UHR, KUNDENHALLE
DER SPARKASSE MAINFRANKEN WÜRZBURG

11.00 Uhr: Begrüßung VM Jens Rauch

    Musikstück für Harfe, gespielt von Harfenistin Anne Kox-Schindelin

    Gedicht von Jehuda Amichai, Johanna Falk

    Grußwort Kulturreferent Muchtar Al Ghusain

    Musikstück

    Gedicht von Jehuda Amichai

    Dankwort Dekanin Dr. Edda Weise

11.35 Uhr: Führung mit Johanna Falk und Harfenmusik

    Zum Ausklang Knabbereien und Getränke

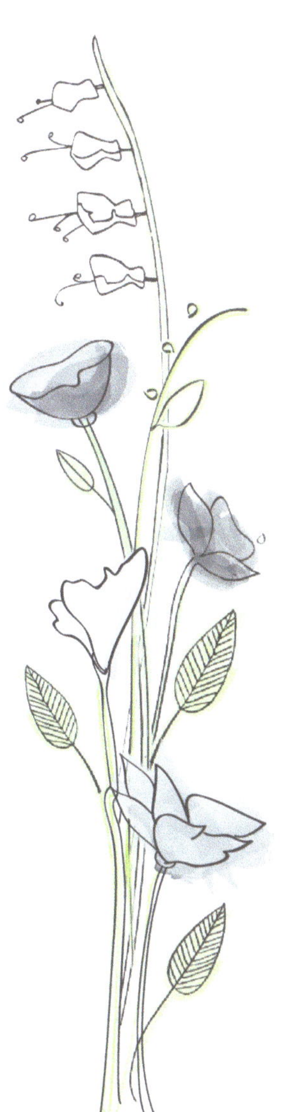

Im Jahr 2017

vom 24. Januar bis 5. März stellte die Evang.-Luth. Kirchengemeinde St. Paul in Würzburg Heidingsfeld 20 Bilder in ihrem neu eröffneten Gemeindehaus aus. Das Würzburger „Wandernagelkreuz" (3) weilte gerade in der Kirche und im Stadtteil und so kam das Thema Versöhnung, auch in den Grafiken aus Israel, besonders ins Gespräch. Sowohl Vorschulkinder, Konfirmanden, Besucher/innen aus dem Stadtteil und Senioren des Wohnstift St. Paul begegneten den Linoldrucken. Friedrich Veit (St. Paul) schreibt:

„Wohlüberlegt zum Jahr des Nagelkreuzes in Heidingsfeld und auch zur Neueröffnung des Gemeindehauses hat Heiner Ratsch (Vetrauensmann des Kirchenvorstandes) für das offene Bildungsprogramm ‚Kulturtreff am Dienstag' die Ausstellung ‚Der andere Weg' nach St. Paul geholt. Musikalisch umrahmt wurde die gut besuchte Ausstellungseröffnung von Jean Luc Eller an der Posaune und Gerda Traub am Klavier. ‚Der andere Weg' steht, wie Pfarrer Stephan Schmidt in seiner Begrüßungsansprache bei der Ausstellungseröffnung betonte, schon in der Bibel für den Weg des Friedens, den die Drei Weisen aus dem Morgenland einschlagen, als sie nicht zu König Herodes zurückkehren.

Auch Muchtar Al Ghusain liegt die Ausstellung sehr am Herzen. Am 24. Januar war er in St. Paul quasi in einer Doppelrolle präsent: als Kulturreferent der Stadt Würzburg, der der Gemeinde zu ihrem neuen Gemeinde- und Kulturzentrum gratulierte, und darüber hinaus als ein durch die Kunstwerke zutiefst Betroffener, dessen eigene arabische Wurzeln in die Krisenregion des Nahen Ostens reichen und dessen entfernte Familienangehörige noch heute den Schlüssel zur Grabeskirche in Jerusalem verwalten. Die Ausstellungseröffnung endete mit dem Dank des Veranstalters an alle Mitwirkenden und dem Hinweis auf die Möglichkeit, einzelne der in St. Paul gezeigten Linoldrucke als Briefkarten mit inliegender Erklärung erwerben zu können. Außerdem wurde eine Spendenbox aufgestellt für den Palästinensischen Jugendzirkus Ramallah".

Zu einem weiteren Höhepunkt im Jahr 2017

zählte die Teilnahme von 15 Linoldrucken an der Ausstellung „Scharf geschnitten - Linolschnitte vom Expressionismus bis heute“. Im Gang vor der Sonderausstellung im Museum im Kulturspeicher Würzburg beeindruckten sie die Besucher. Das als Fußbodenbelag entwickelte, leicht zu schneidende Material Linoleum verwendeten seit Anfang des 20. Jahrhunderts viele Künstler, z. B. Gabriele Münter, August Macke, Christian Rohlfs und als Farbdrucke Pablo Picasso und Henri Matisse. Die stellvertretende Direktorin des Museums im Kulturspeicher Dr. Henrike Holsing schreibt:

„ Die Ausstellung mit ihren herausragenden Werken internationaler Gegenwartskunst räumt mit dem Vorurteil auf, der Linolschnitt sei einzig als ‚einfache‘ Technik für Schüler interessant; die Schülerarbeiten aus Beersheba ihrerseits zeigen, wie stark die niedrigschwellige Technik der Kreativität gerade von Kindern und Jugendlichen entgegenkommt, die zu originellen und ausdrucksstarken Bildlösungen finden“.

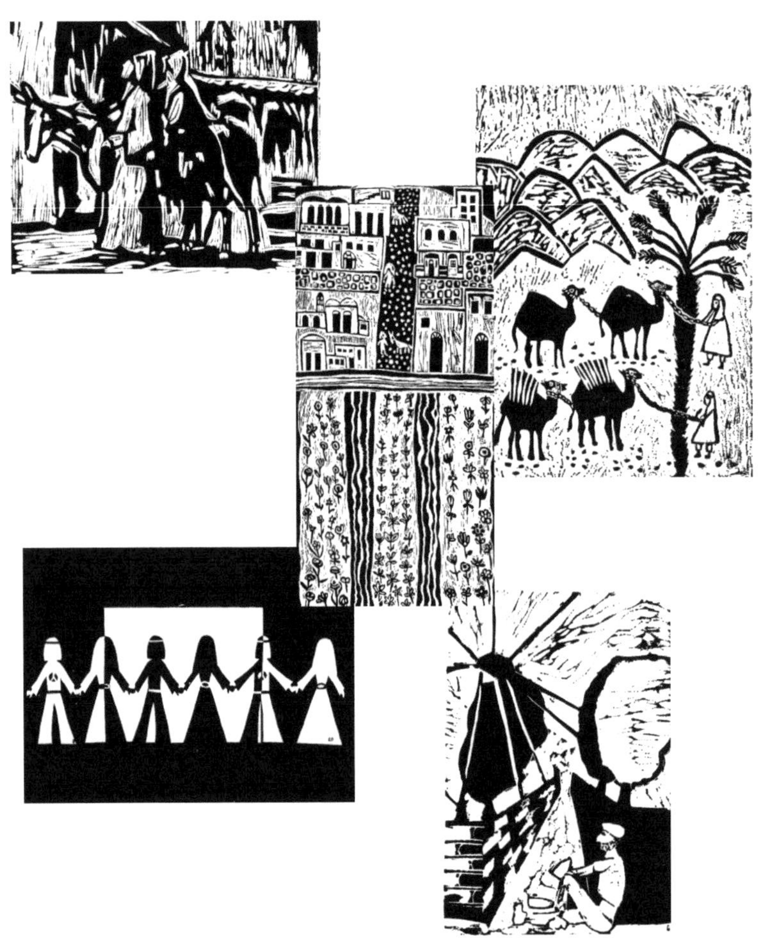

„Miteinander verschieden sein"

Besuch von Vorschulkindern in der Ausstellung „Der andere Weg"

Beim Blick in Kindergärten und Schulen in Würzburg finden wir viele junge Menschen verschiedener Nationen und Religionen. Es sind Kinder von Zuwanderern und von Flüchtlingen, oft schon in der zweiten Generation, die hier wohnen oder in den vergangenen Jahren bei uns aufgenommen wurden und auf ein friedliches Zusammenleben hoffen. Viele von Ihnen haben mit ihren Eltern Flucht und Vertreibung erlebt, aber genaue Vorstellungen von einem guten, geordneten Miteinander. Den Vorschulkindern des Kindergartens St. Paul im Würzburger Stadtteil Heidingsfeld zeigten wir die Ausstellung „Der andere Weg". Das war für alle ein spannendes Ereignis. In Absprache mit der Kindergartenleitung und der Erzieherin der Vorschulgruppe, Barbara Müller, durften 9 Jungen und Mädchen die 20 Grafiken unbeeinflusst betrachten.

Bei einem ersten Rundgang interessieren die Kinder vor allem die Namen und das Alter der jungen Künstler/innen aus Israel und Palästina.

Im Sitzkreis fragen wir nach dem Lieblingsbild und lassen es uns in einigen Details beschreiben. Die Kinder finden mühelos das jeweilige Bild.

Fünf Linolschnitte beeindrucken am meisten:

1. Gemeinsame Zukunft (Hand in Hand)

2. Das Dorf

3. Steinmetz in Jerusalem

4. Karawane in der Wüste

5. Szene in der Altstadt

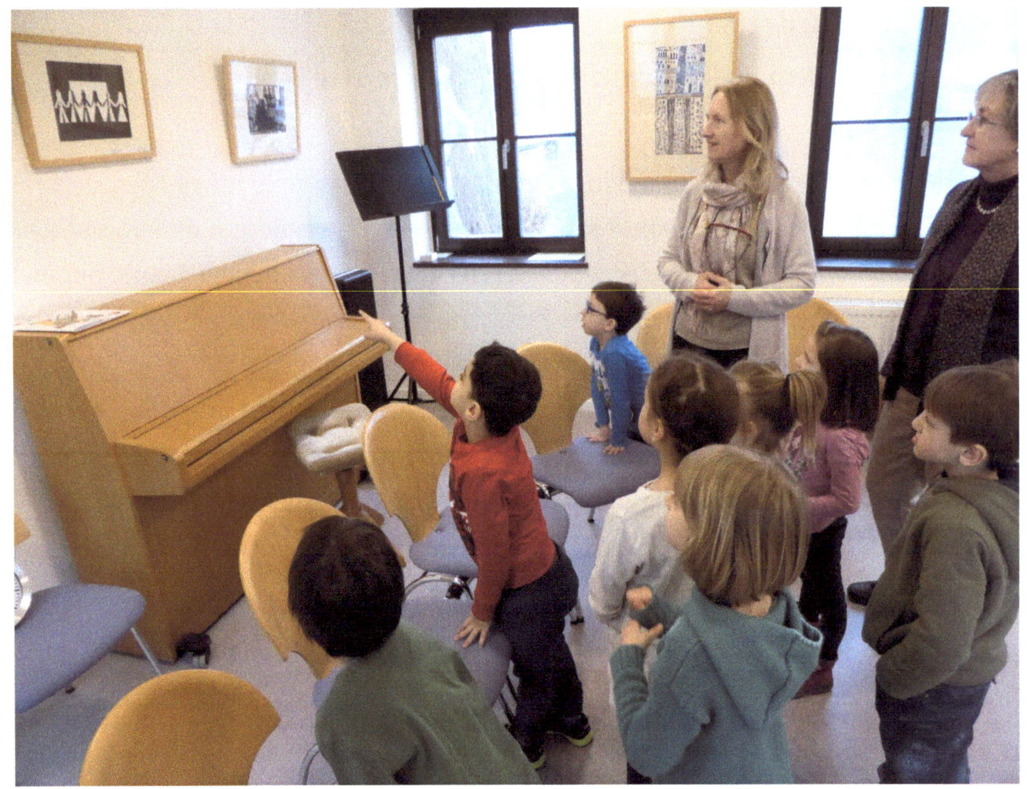

Foto: Heiner Ratsch

zu 1 **„Gemeinsame Zukunft"**

Den Kindern fällt die Unterschiedlichkeit der dargestellten Personen auf (verschiedene Kleider, Hosen, Haare, es sind Mädchen und Jungen). Auch ohne bunte Farben können Schwarz und Weiß viel ausdrücken. Jede Person ist anders. Alle halten sich in einer Reihe an den Händen. Sie dürfen „Miteinander verschieden sein". Wir fragen die Kinder, was wohl die Personen auf dem Bild machen? „Die Kinder wollen tanzen, sie schauen in einen Festsaal oder vielleicht haben sie Angst? Sie gehen gemeinsam durch das helle Tor in der Mauer ins Licht".

zu 2 „Das Dorf"

Einem kleinen Jungen gefallen die schönen Blumenrabatten. Er erzählt, er sei ein großer Blumenfreund. Auf den dunklen Weg des Bildes scheint die Sonne. Es leuchten die Pflastersteine. Menschen und Tiere sind ganz hell. Er würde gern dort wohnen.

zu 3 „Steinmetz in Jerusalem"

Ein Kind ist vom Handwerker begeistert, der offensichtlich an einer kleinen Mauer baut. Um ihn herum spielt die Sonne in den Bäumen mit Licht und Schatten. Er arbeitet mit einem Werkzeug, das Rätsel aufgibt. Vielleicht ist es ein Spachtel zum Verfugen?

zu 4 „Karawane in der Wüste"

Beim Anblick des Bildes erzählt uns ein Mädchen von einem Urlaub in Tunesien. Es hat dort Kamele gesehen und findet die Tiere wunderschön. Wir erklären, dass die Linolschnitte aus einer Schule in der Wüste Negev in Israel stammen wo noch Beduinen lebten, die mit ihren Kamelen unterwegs waren.

zu 5 „Szene in der Altstadt"

Ein anderes Kind beschreibt im Sitzkreis eine Darstellung, von zwei Personen mit Esel. Es ist der Linolschnitt „Szene in der Altstadt". Alle Kinder suchen und finden sofort das Bild. Sie bewundern die langen Mäntel und überlegen, ob es sich um Frauen oder ein Ehepaar handeln könnte. Wir weisen auf die Ähnlichkeit der Szene hin, als Josef und Maria in der Weihnachtsgeschichte auf Herbergssuche waren und finden heraus, dass man das Bild nur aus der Entfernung richtig erkennen kann.

Da das Plakatbild des Linolschnittes **„Freunde"** von den Kindern nicht genannt wird, aber im Eingangsbereich des Kindergartens hängt, suchen wir gemeinsam danach und bitten die Kinder, sich paarweise genauso, wie auf dem Bild gezeigt, aufzustellen. Sofort ruft ein kleiner Junge: „Das sind Rakka und Ali, sie sind Freunde!" Ein Mädchen meint: „ich sehe Maria und Josef. Im dunklen Himmel über ihnen wohnt Gott!" Andächtig bleiben die Kinder stehen und vergleichen ihre Haltung mit der auf dem Linolschnitt. Wir sind von dem Anblick sehr berührt. Ja, so sieht ein freundschaftliches, friedliches Miteinander aus.

Aufmerksam, immer noch beeindruckt, setzen wir uns um einen großen Tisch. Wir wünschen uns Glück und stoßen mit etwas Orangensaft in Waffelbechern auf eine gute Zukunft an.

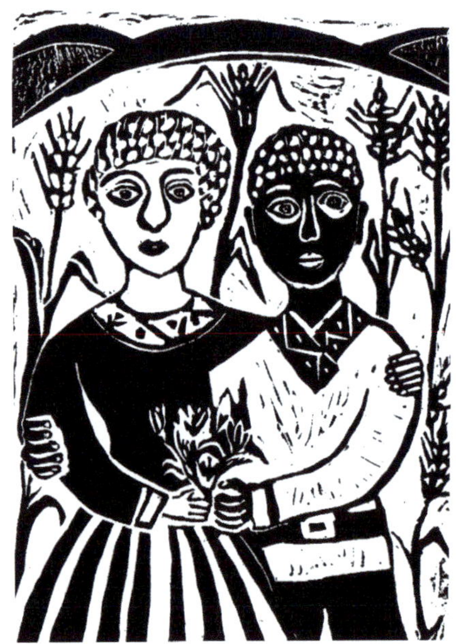
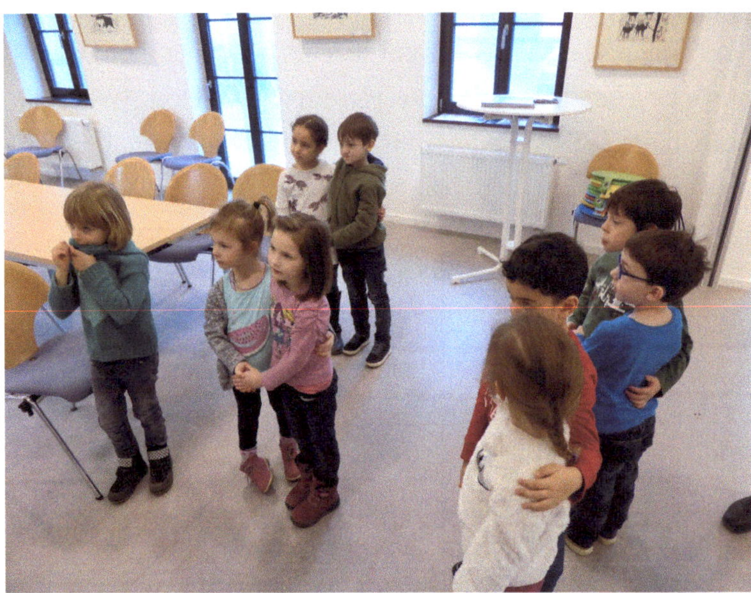

Foto: Heiner Ratsch

Es war ein Abenteuer für die Kinder die Bilder selbst zu entdecken und sich miteinander daran zu erfreuen! Die begeisterte Vorschulgruppe zeigte den Erwachsenen eindrucksvoll, dass Kunst keine Altersgrenzen kennt und Frieden und Schönheit der Welt ein Herzensbedürfnis sind. Die Ausstellung „Der andere Weg" leistete dazu in Heidingsfeld ihren besonderen Beitrag. Angeregt vom Besuch dieser Ausstellung schneiden die Kinder einfache Linoldrucke in ihrer Kindergartengruppe.

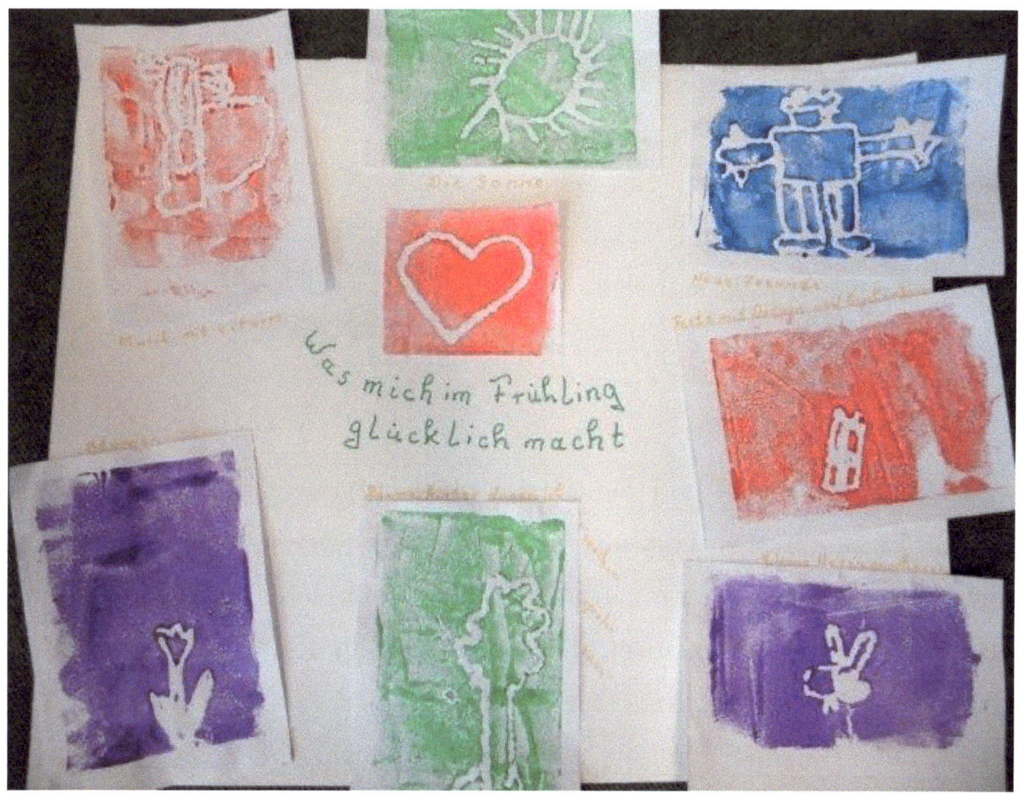

Foto: Kindergarten St. Paul

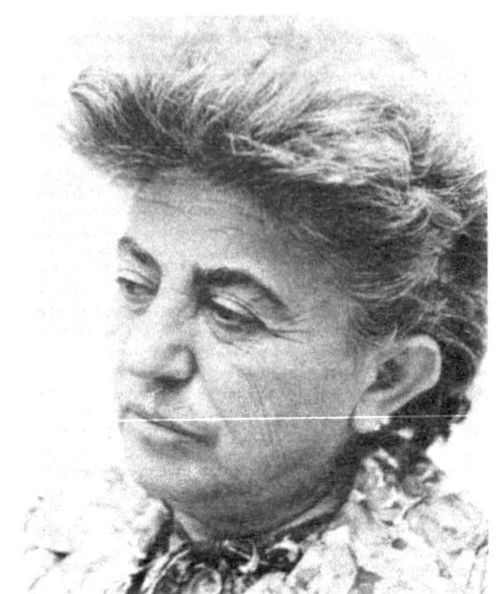

Lebensabschnitte von Dr. Puah Menczel (Ben-Tovim)

Geboren am 1. Mai 1903 in Jerusalem

Gestorben am 20. Februar 1991 in Jerusalem

Tochter von Zalman Ben-Tovim und Deborah Ben-Tovim

Puah Menczel ist hebräisch- und deutschsprachig aufgewachsen. Ihre Ausbildung am Gymnasium und im Studium ist vorwiegend in deutscher Sprache. Im Winter 1922-23 wird sie die Hebräischlehrerin von Franz Kafka in Prag. Sie lernt in Berlin während eines Seminars ihren zukünftigen Mann Josef Menczel kennen. In den Jahren 1928-1934 studieren beide an der Universität Berlin. Josef Menczel belegt die Fächer Geschichte, Bibelkunde und Pädagogik, Puah Botanik, Zoologie, Ökologie und ebenfalls Pädagogik. Das Paar kehrt in den jungen Staat Israel zurück. Dr. Schlomo Menczel befasst sich als Pädagoge mit der Integration eingewanderter junger Menschen. 1953, nach seinem Tod, tritt Puah Menczel in seine

Fußstapfen, geht in den Negev nach Beersheba und gründet dort 1954 die erste Gesamtschule Israels, die sich ebenfalls die Integration eingewanderter Jugendlicher zum Ziel gesetzt hat. Puah sucht aber auch die Freundschaft und Zusammenarbeit mit den jungen ansässigen Beduinen und eröffnet in ihrer Schule die erste „Höhere Schule" für Beduinen. Ebenso wichtig ist ihr die Ausbildung von Mädchen, die bis dahin nie länger als zwei bis drei Jahre in die Schule gehen durften. 1966 steigt die Schülerzahl an ihrem Gymnasium auf 1200 Schüler.

1963 lernt sie in München die deutsche Erziehungspolitikerin Dr. Hildegard Hamm-Brücher kennen. 1971 trifft sie sich mit ihr in Jerusalem. Hamm-Brücher ist nun Staatssekretärin für Bildung und Wissenschaft im Auswärtigen Amt und unterstützt finanziell und ideell die Arbeit von Dr. Menczel in Beersheba. 1974 erscheinen die Kunstmappen „Israel und Jerusalem" mit je 20 Grafiken jüdischer, arabischer und drusischer Jugendlicher. Danach werden Dr. Menczels Kräfte schwächer und sie unternimmt kaum mehr Auslandsreisen. Während ihrer letzten Aufenthalte in Deutschland hinterlässt sie vertrauensvoll 60 Grafiken bei Gymnasialprofessor Gotthilf Ehninger in Calw. 1991 stirbt Dr. Puah Menczel in Jerusalem

Kurzbiographie Gotthilf Ehninger

1920 in Aalen geboren

Russlandfeldzug im 2.Weltkrieg

3 Jahre in englischer Gefangenschaft in Ägypten

Studium an der Kunstakademie Stuttgart

Germanistikstudium an der Universität Tübingen

Gymnasialprofessor am Hermann Hesse Gymnasium Calw

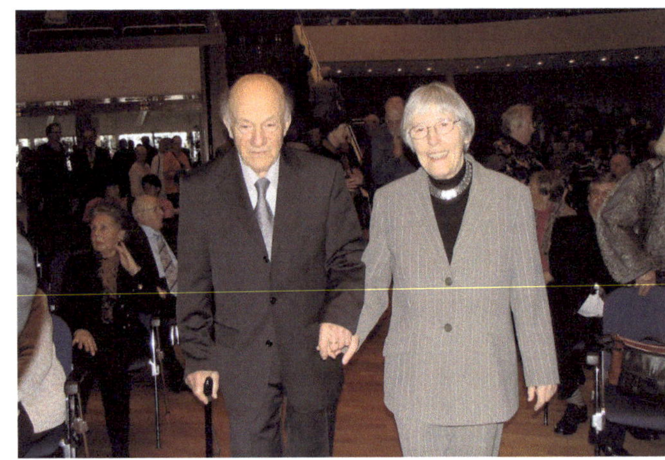

Foto: Helmut Falk

In der Akademie Calw fand eine Ausstellung statt mit Graphiken jüdischer und arabischer Kinder aus der Gesamtschule in Beersheba, deren Direktorin Dr. Puah Menczel hatte sie aus Israel mitgebracht und wünschte eine Beurteilung durch Prof. Ehninger.

Der spontanen Begegnung mit den Bildern und der Kuratorin folgten Aufsätze, die zu Vorworten zweier Kunstmappen *„Israel"* und *„Jerusalem"* führten, finanziell getragen durch Vermittlung der damaligen halbjüdischen Staatssekretärin im Auswärtigen Amt Dr. Hildegard Hamm-Brücher. Vor ihrer Rückreise überließ Dr. Menczel die Originalgraphiken in freundschaftlichem Vertrauen Prof. Ehninger. 2002 eröffnete er die Ausstellung im Pavillon des Pforzheimer Rathauses und gab ihr den Namen *„Der andere Weg"*. Die Graphiken versah er mit seinen sinnvertiefenden Epigrammen.

Durch seine jahrelange Versöhnungsarbeit im Zeichen des *„Nagelkreuzes"* begegnete er Frau Johanna Falk, der Mitbegründerin des Nagelkreuzzentrums Würzburg.

Es war wieder eine schicksalhafte Begegnung. Frau Falk war zur nächsten Ausstellung in Würzburg inspiriert, die Gotthilf Ehninger dort eröffnete, im Beisein von Dr. Paul Oestreicher, dem Nagelkreuzexponenten und Direktor der Versöhnungsabteilung in der Kathedrale von Coventry.

Dies war der Auftakt zu einer unvorhersehbaren Folge der von Frau Falk geleiteten Ausstellungen.

Renate Beck-Ehninger

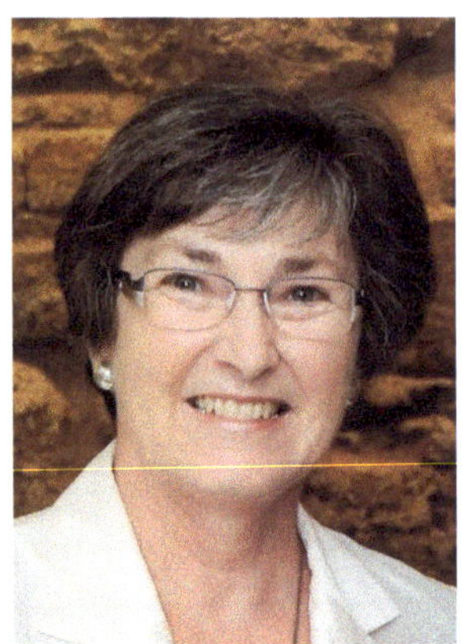

Die Autorin dieses Buches Johanna Falk

Foto: Helmut Falk

ist 1947 in München geboren und lebt seit 1973 in Würzburg. Über 40 Jahre hat sie sich ehrenamtlich engagiert, vor allem in der Ökumenischen Versöhnungs- und Friedensarbeit. In der Nagelkreuzgemeinschaft in Deutschland war sie 12 Jahre im Leitungskreis tätig. Unter dem Motto „Erinnerung bewahren – Versöhnung leben" wurde sie im Jahr 2001 Mitbegründerin der Ökumenischen Nagelkreuzinitiative Würzburg und des weltweit ersten „Wandernagelkreuzes". Der Brückenbau zwischen den ehemaligen Feinden in Europa, zwischen Konfessionen und Religionen, und die Begleitung Inhaftierter für einen Neustart ins zukünftige Leben liegen Johanna Falk sehr am Herzen. Die vielfache Präsentation der Ausstellung „Der andere Weg" im In- und Ausland soll beispielhaft die Möglichkeiten eines friedlichen Miteinanders von Kulturen und Religionen, nicht nur in Israel, veranschaulichen. Im November 2015 wurde Johanna Falk mit der Kulturmedaille der Stadt Würzburg geehrt. Im Dezember 2017 erhielt sie das Verdienstkreuz am Bande des Verdienstordens der Bundesrepublik Deutschland.

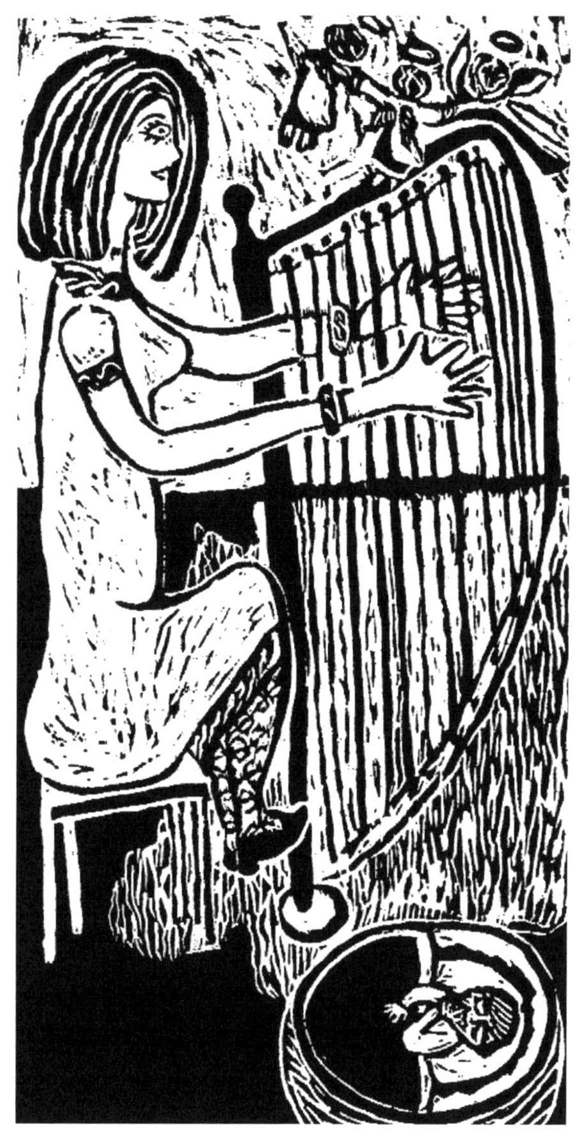

Friedensgebet der Mönche auf dem Zion

Schenke, o Gott, deiner heiligen Stadt Jerusalem
und der ganzen Welt Deinen Frieden!

Verankere ihn in den Herzen aller
Menschen, denn Dein göttlicher
Friede ist der Friede,
den die Welt nicht geben kann.
Dein Frieden befreit alle,
die in den Netzen der körperlichen
oder psychischen Gewalt als Täter
oder Opfer gefangen sind.

Hilflos sehen wir die vielen Formen
der Gewalt und des Unrechts
von der großen Politik bis hin zum
alltäglichen Miteinander.
Schaffe, o Gott, unseren großen und
kleinen Grenzen Frieden!
Erfülle die Mächtigen
mit deinem Geist der Liebe!

Hilf auch uns, an Deinem Reich des
Friedens mitzuwirken, indem wir
erkennen und tun,
was in unserer Umgebung den
Menschen und der Schöpfung zum
Frieden und Wohlergehen dient!

Darum bitten wir Dich,
Du Gott der Liebe und Treue!
Wir loben Dich
und danken Dir in Ewigkeit.
Amen

Dank

„Freude ist der schönste Dank, den wir Gott geben" heißt es.

Freude darüber, dass Sie als Leser/innen und Betrachtende die Bilder der Ausstellung begleiten, dass Sie die Bilder ausgeliehen und in ihr Lebensumfeld geholt haben. Freude darüber, dass mir in den Jahren, seit die Grafiken in Würzburg sind, so viele Menschen geholfen haben die Bilder zu zeigen. Freude darüber, dass mir als Kuratorin diese Sammlung von Prof. Gotthilf Ehninger und von der Nagelkreuzgemeinschaft anvertraut wurde.

Dass Kunst zur Integration beiträgt und dass Versöhnung und Frieden mit sich selbst den einzelnen Menschen und die Umgebung fördern, bewiesen die Schüler aus Beersheba im 20. Jahrhundert. Vielleicht wäre das ein Modell für heute, einer Zeit, die vielen Geflüchteten mehr Beschäftigung mit der Kunst anbieten sollte.

So bin ich im Dank herzlich verbunden:
dem Ehepaar Renate und Gotthilf Beck-Ehninger
Dekan Dr. Günter Breitenbach, heute Leiter der Rummelsberger Diakonie
Dietmar Seiler, der mir als Mesner in der Evang.-Luth. Dekanatskirche St. Stephan bei Transport und Auswahl der Bilder immer treu zur Seite stand und mir half, die Grafiken aus dem Depot zu holen
Den Wegbegleitern aus der Ökumenischen Iniative für Frieden und Versöhnung der Stadt und der Kirchen Würzburgs
Kulturreferent Muchtar Al Ghusain, der bei mehreren Ausstellungen unvergessliche Grußworte sprach
Dekanin Dr. Edda Weise, die uns gerne den Platz zur Aufbewahrung der Bilder zur Verfügung stellt
Dr. Henrike Holsing, stellvertretende Leiterin des Museums im Kulturspeicher Würzburg stellvertretend für alle, die die Ausstellung gezeigt und gefördert haben

Ein besonderer Dank gilt dem britischen Kunstmanager David Sparrow, der alle Bilder zweimal von Deutschland nach England und wieder zurück brachte.

Die meisten praktischen Hilfen und beste Beratung erhielt ich von meinem Mann Helmut Falk. Er erstellte zudem noch das Layout dieses Buches. Ohne ihn wären die letzten 15 Jahre mit der Ausstellung „Der andere Weg" so nicht gelungen.

Mein größter Wunsch ginge in Erfüllung, wenn ich eine/n der damals jungen Künstler/innen kennenlernen und dieses Buch überreichen könnte.
Möge der „Andere Weg" weitergehen und die künstlerische Sprache in Schwarz und Weiß die Botschaft der Jugendlichen aus Israel in alle Welt tragen.
Denn nach wie vor gilt das Zitat von Yehudi Menuhin:

„Liebe allein – nicht Hass, kann die Welt heilen"

Anmerkungen

Aus folgenden Büchern wurden Informationen entnommen:

Dr. Puah Menczel-Ben-Tovim, Leben und Wirken Life and Work

in Memoriam Dr. Shlomo Menczel 1903 -1953

Herausgegeben von Dr. Puah Menczel-Ben-Tovim

Veröffentlicht von der Gedächtnisstiftung Dr. J. S. Menczel Jerusalem, Israel 1983

Seventy Graphic Prints by Jewish, Arab and Druze Children

Sprachen: Hebräisch, Deutsch, Englisch

The Dr. J. S.Menczel Memorial Foundation

10 Rechow Hanassi, Jerusalem 92188

Größe der Linoldrucke: 50x70 cm; 40x50 cm; 35x50 cm

Zu 1:

Die Ökumenische Nagelkreuzgemeinschaft Würzburg (Ökumenische Nagelkreuzinitiative, Nagelkreuzzentrum) versteht sich als Vertretung der Kirchen und der Stadt Würzburg im Bemühen um Frieden und Versöhnung. Am 16. März 2001 wurde ihr vom Internationalen Versöhnungszentrum an der Kathedrale von Coventry das Nagelkreuz verliehen. Es ist nach der Zerstörung der Kathedrale beim Luftangriff der Deutschen am 14./15. November 1940 entstanden. Der damalige Domprobst Richard Howard gab als Zeichen der Verbundenheit von Christen nach 1945 drei als Kreuz zusammengefügte Nägel aus dem mittelalterlichen Gebälk der zerstörten Kirche an Kriegsgegner weiter. Seitdem wirbt das Nagelkreuz für Versöhnung und Frieden.

Aus dieser Geste entwickelte sich die weltweite Nagelkreuzgemeinschaft mit 220 Nagelkreuzzentren und 60 internationalen Nagelkreuzschulen (ICON schools). Deutschland ist derzeit mit 68 Zentren der größte Partner Coventrys, es folgen Nordamerika und Südafrika.

Zu 2:

Die Kathedrale St. Michael in der mittelenglischen Stadt Coventry gehörte bis zur Zerstörung durch die deutsche Luftwaffe 1940 zu den bedeutendsten mittelalterlichen Kathedralen Englands. 1962 wurde die Neue Kathedrale eingeweiht, die direkt neben den Ruinen (heute Besucherbereich) errichtet wurde. Sie ist der Sitz des Internationalen Versöhnungszentrums, das weltweit mit vielen Partnern für Frieden und Versöhnung betet und arbeitet.

Zu 3:

Seit dem 16. März 2001 (Zerstörungstag Würzburgs 16. März 1945 durch die Britische Luftwaffe) wird das **Wandernagelkreuz** von Coventry jährlich von der Nagelkreuzinitiative ökumenisch unter großer Anteilnahme der Bevölkerung, der Kirchenvertreter und von Vertretern der Stadt an eine Gemeinde, Pfarrei, Institution oder Einrichtung öffentlich weitergegeben. Am jeweiligen Gastort soll unter dem Motto: „Erinnerung bewahren – Versöhnung leben" im Geist von Coventry für Versöhnung und Frieden gebetet und gearbeitet werden. Im Jahr 2017 ist das Kreuz zum 17. Mal unterwegs. Es fand Aufnahme in der Kirche der Missionsärztlichen Klinik Würzburg. Im Jahr 2018 wird es von Kolping-Mainfranken übernommen. Das Wandernagelkreuz ist eine Erfolgsgeschichte, die in Würzburg ihren Anfang genommmen hat und die jedes Jahr vom jeweiligen Gastort mit neuem Leben erfüllt wird.

Zu 4:

Jehuda Amichai wurde am 3. Mai 1924 in Würzburg geboren und ist am 22. September 2000 in Jerusalem gestorben. Das Gedicht ist dem Gedichtband „Auch eine Faust war einmal eine offene Hand" entnommen (Piper 1994).